사랑합니다

조윤정 글모음

사랑합니다

조윤정 글모음

1판 1쇄 인쇄/ 2018년 7월 10일
1판 1쇄 발행/ 2018년 7월 10일

지은이 / 조윤정
펴낸이 / 우희정
펴낸곳 / 도서출판 소소리

등록 / 제300-2007-21호
주소 / 03073 서울 종로구 성균관로 5길 39-16
전화 / 765-5663. 010-4265-5663
e-mail : sosori39@hanmail.net
www.sosori.net

값 12,000 원

*잘못된 책은 바꿔드립니다.

ISBN 979-11-5891-107-2   03810

조윤정 글모음

사랑합니다

소소리

■ 책을 내면서

　네 번째 『구시렁구시렁』 출판 이후에 우여곡절이 많았다.
　생뚱맞거나 이해불가의 사건들이 주변에 산재해서 추스르는 일들이 버거웠다.
　가던 길을 멈추기에는 애매한 시점이라, 하나 더 그림자를 만들어 놓자 생각을 했다.
　봄, 여름, 가을, 겨울이 수차례 등을 떠밀고 가며 쌓인 시간들. 하나, 둘 순서대로 반추해 보면 어이없는 일들이 부지기수이고 무기력했던 시간들 또한 적지 않아 화가 나기도 한다. 그러나 어쩌겠는가. 이미 지나간 걸음들이고 지워질 기억들인데.
　살아오며 사랑하지 못했던 모래알 같은 인연들에 미안하다.
　사랑이라는 게 줄수록 좋은 거라고 믿었던 이해의 감정이 덧없는 즈음이다.
　이제라도 사랑할 수 있으면, 나눌 수 있으면 다행일까.
　질척이는 감정들 털어버리면서 아주 냉정하게 내가 받은 사랑을 헤아려 볼 예정이다.
　갚을 시간이 많이 남아있다면 좋겠다.

2018년 6월

▷ 차 례

▶ 책을 내면서

1. 삶, 그즈음에

시작하는 말 —·13
나, 그리고 시간들 —·14
사랑합니다 —·16
바다가 그리운 날 —·26

2. 어느 꿈같은 날들

내 사랑은 강으로 흘러갔다 — · 33
얼마나 좋을까 — · 34
씁쓸한 만남 — · 35
사람보다 더 좋다 — · 36
이유가 많은 사람들 — · 39
그냥 미안합니다 — · 42
살아있음의 유세 — · 47
개 탓, 사람 탓 — · 50
흔 적 — · 55
나, 어떡해 — · 56
더운 하루 — · 60
흐린 아침 — · 64

3. 나의 꿈, 산티아고

가고 오는 길목에서 ― · 71

멜랑콜리 ― · 73

삼청동 길 ― · 77

날파리 친구 ― · 79

이거 리얼? ― · 82

나의 꿈, 산티아고 ― · 85

길을 잃다 ― · 88

희한하네? ― · 92

인간 말종들 ― · 96

거짓말이야 ― · 98

사서 받은 상처 ― · 101

고 독 ― · 106

4. 햇살처럼

예정된 이별 —·113

슬프고 불행한 생명들 —·118

너른 들을 꿈꾸다 —·123

안녕하십니다 —·128

내가 죽었다 —·133

재 회 —·136

손·손·손 —·137

아직은 내 남자에게 —·140

햇살처럼 —·143

치사한 고백 —·144

나라는 사람 —·147

집시들의 바다 —·152

무채색의 시간들 —·157

늙은 사람 —·163

능력 없는 여자 —·167

불편한 풍경들 —·170

바람 타령 —·172

1.

삶, 그즈음에

아이들은 바다를 지키고 있을까.
뜨내기로 지나간 서울내기를 기억이나 해줄까.

어린 계집애가 기억하는 바다가 보고 싶다.

시작하는 말

아주 오래 걸어온 느낌이다.

삶이 고단했던 것인지 지레 지친 마음이 물먹은 솜처럼 어깨를 누르고 있었던 것 같다. 산지사방에서 평균 수명 100세라고 떠들어대니 '60부터 청춘'이라고 흰소리들을 늘어놓나 보다. 그 말에 슬쩍 속고 싶은 심정일까.

앨범을 정리하면서 빛바랜 사진들을 찢어버리고 계절이 바뀔 때마다 넣고 꺼내기를 반복했던 구년묵이 옷들은 비닐봉투에 담는다. 정리라는 걸 하기 위해서다. 눈에 보이는, 손에 잡히는 허섭스레기들은 치워지는데 머릿속 저장고에 쌓인 기억들은 어떻게 해야 할까. 때 묻은 감정들을 추리면서 문득 '사랑'이라는 낱말을 떠올렸다.

나는 아무것도 사랑하지 않았고 사랑하지 않는다.

'사랑'이라는 단어 앞에서 멈칫 서 있는 나. 왜 사랑이라고 굳이 되뇌어보는 걸까.

나, 그리고 시간들

서울 중구 순화동에서 태어났다.

지금은 자취도 없을 그 집은 아버지가 27세에 마련한 성이었고 자존심이었다.

공주인 양 착각 속에서 자란 그 집이 그리운 나이를 살며 다사다난했던 세월을 돌아본다. 넘치는 의욕과 빛나리라 믿었던 미래, 아무것도 아닌 존재로서의 좌절, 다 놓고도 싶었던 아픈 청춘이기도 했고 주인 노릇이 기꺼웠던 행복한 성의 주인이기도 했다.

살아가노라니 보잘것없는 인연들로 '한(恨)' 같은 기억도 저장이 되고, 가치 없는 일들로 인해 내 삶이 원하지 않는 곳으로 떠밀리기도 했다.

부유(浮遊)하는 내 삶에 은총으로 주신 두 아들이 있어 나는 살아있다.

세상 부러울 것 없는 빛나는 훈장으로 버팀목이 되어준 아이들. 새 식구 며느리 '루시아'도 반짝이는 별처럼 또 다른 힘이 되었다. 이쯤이면 행복하다 싶다. 한시름 놓고 유유자적 남은 시간들을 맛있게 요리하고 싶은 즈음이다.

사랑합니다

1.

유아 시절의 기억이 뜬금없이 떠오를 때가 있다. 연년생이라 '남아선호'에 밀린 내 자리는 늘 투쟁이었다. 귀한 아들을 뒤따라 나온 계집아이. 계집아이의 돌 사진인데 옆에 놓인 장난감은 탱크와 자동차다. 장난감 피아노가 있기는 하지만 그것도 내 몫은 아니었을 것이다. 여자들이 더 불공정했다. 사내아이는 어르고 달래고 등에서 떼어 놓을 새도 없이, 세상에 둘도 없다 했다던가. 할머니는 제사를 받들 장손이라고 신주 모시듯 했다. 심지어 화학조미료 '아지노모도'를 손자의 국그릇에만 뿌렸다. 기를 쓰고 오빠를 이기려 드는 계집애라고 내게는 욕을 달고 사셨다. 지금도 그 이북 억양의 몹쓸 단어가 귀에 들린다. 그래서 나는 이북사람들이 싫었다. 온 집안이 이북사람들이었지만 밖에서도 이북말

씨가 들리면 눈살을 찌푸리며 등을 돌렸다. 할머니의 사랑은 별스러웠다. 편식이 심해 밥상에서 이것도, 저것도 다 싫다는 데 꾸역꾸역 입에 맞는 반찬을 입에 넣어주며 "어째 아이 먹니!" 벅벅 소리를 질렀다.

먹지 않는 투정에 애달파하던 희미한 사랑.

그 사랑은 무슨 빛깔이었을까.

2.

초등학교에 입학하던 날, 반 배정을 받고 찾아간 콩나물 시루 같은 교실에서 앳된 여선생이 키대로 줄을 세웠다. 화장을 한 예쁜 여자가 남자아이들과 여자아이들을 짝을 맞춰 가며 줄을 세웠는데 키가 큰 나는 뒤에서 두어 번째였다. 맨 앞에 선 아이보다 머리 하나는 더 컸을 것이다. 따라온

학부형들이 "여자애가 저리 크네?" 수군거렸다.
 키가 큰 게 부끄러웠다. 옆에 선 아이는 멀대같았다. 눈도 크고, 입도 크고, 게다가 벌건 잇몸이 훤히 보이게 웃는 것도 징그러웠다. 줄을 서서 교실로 들어가 순서대로 앉는데 멀대가 짝이 되는 게 싫어서 슬쩍 뒤로 물러섰더니 얼떨결에 다른 아이가 멀대와 짝이 되고 나는 혼자 앉았다. 남자아이가 모자라 혼자 앉은 게 좋아서 벙싯 웃음이 나왔다. 그때 멀대 엄마가 내 머리를 쥐어박았다. '너 일부러 뒤로 갔지?' 아마도 자기 아들이 싫은 티를 역력히 내는 계집애가 얄미웠나 보다.
 그게 여장부 우리 할머니 눈에 띄었다. 입학하는 손녀가 궁금해서 따라 온 할머니가 버럭 소리를 질렀다.
 "이 ㄱㄴ가! 지금 야를 때렸음?"

멀대 엄마는 할머니의 주먹질 한 방에 교실 뒤 게시판에 머리를 박았다. 대단한 소란이 있었고 그날 처음 본 예쁜 선생님은 싸움을 말리다 눈물을 보였다.

 학교에 가는 게 창피해서 정말 할머니가 싫었다. 선생님은 나를 볼 때마다 웃었다. 멀대도 웃었다. 엄마가 줬다고 사탕도 한 알 주고는 했다.

 그러고도 할머니는 소풍을 따라 오고, 운동회도 찾아와서 선생님 손에 삶은 달걀을 쥐어주셨다. 그분만의 사랑 표현이었을까.

3.

 광화문 한복판에 있던 초등학교를 나왔다. 학교 맞은편에는 당대최고의 명문여중이, 몇 발자국 걸어가면 장안 제일의 여학교가, 근처에는 두루두루 명문학교들이 포진해 있었다.
 그냥 건너가면 될 것 같은 그 학교들을 명함도 내밀어 보지 못하고 멀리 돌아 그저 그런 보통의 학교를 다녔다. 그 덕분에 이순이 지난 나이에 "공부 못했구나? 앞에 있는 학교를 못 갔어?" 소리를 들었다. 어이가 없고 당혹스러웠다. 그렇게 말하던 그분은 왜 그 명문을 못 나왔을까? 그이도 공부를 못해서였겠지.
 명문은 아니었지만 당시로는 드문 교육을 받았다. 특활이라고 가야금도 배우고 음악 감상을 이유로 클래식 음악회를 섭렵했고 운동장에 물을 얼려 스케이트를 탔다. 사립이어서 재단의 교육관이 많이 실행되었던 것 같다. 친구들은 재기가 넘쳤고 꿈이 컸다. 한때는 언론, 방송계에서, 문단에서, 예능계에서 동창들이 활동하는 걸 볼 수 있었다.

공부 못한(?) 아이들이 다녔던 보통의 학교를 나와서 남보다 뛰어난 행보를 했던 친구들.

그 시절에 우리는 사랑이라는 말조차 부끄러워하며 사랑을 꿈꾸었던 철부지 소녀들이었다.

4.

갈래머리를 땋고 질풍노도의 시절을 감당했다.

요즘 중2병이라는 그 증세를 우리는 고등학생이 되어 겪었다. 매사에 비판적이고 불쾌하며 마뜩치 않았던 감정들. 입시병폐를 없앤다고 명문여중들이 고등학교로 흡수되던 시절이어서 우리는 중3시절 내내 우왕좌왕했다. '배지'를 바꿔 달 절호의 기회이기도 해서 아이들은 흥분했다. 특기생 자리도 노리고 성적순위를 수없이 가늠하며 저마다 갈아탈 기회를 노렸다.

　선생님들은 대입에 문제가 생기므로 성적 좋은 아이들을 닦달을 했다. 동계진학을 강권하는 분위기에 마음 약한 친구들이 원서를 쓰고 이도저도 아닌 나머지도 원서를 써내고야 뒤숭숭한 학교가 조용해졌다. 동병상련의 우리는 누군가의 방에 모여 밤새 울분을 토했다.

　"누구는 원서를 썼다더라."

　"걔네 엄마가 워낙 세잖아."

　왜 우리 엄마는 '원서'에 관심이 없었을까.

　나는 지금도 극성맞은 치맛바람의 엄마들이 부럽다.

5.

　미련이 남는 여고 시절의 시작이 순탄치 않았다. 제2외국

어로 불어를 선택했는데도 S대 출신의 독어 선생이 담임이 되었다.

　그이는 나치같이 딱딱하고 차가웠다. 냉정하고 결벽증이 있는지 휴지 한 조각 떨어져 있는 걸 못 참아했다. 쉬는 시간마다 들러 매의 눈초리로 바닥을 훑었다. 한 조각 휴지가 눈에 띄면 범인을 색출했다. 버려져 있는지도 몰랐던 휴지 조각으로 전원이 책상에 올라 팔을 든 채 무릎을 꿇었다. 야만적이고 유치한 시절이었다.

　왜 불어반에 독어선생이 배정되었는지 알 수 없지만 아마도 그분은 평생을 주위사람을 달달 볶고 살았을 것 같다. 반장, 부반장이 대신 자수를 하고야 사건은 일단락되고 그 수모에서 벗어났다.

　그런 날이면 청소시간은 배로 힘들고 짜증이 났다. 구두

왁스로 마룻바닥을 닦아 광을 냈으니 삶의 체험현장과 다를 바 없었다. 당신의 그 괴팍한 성정이 누군가의 학창 시절에 얼룩으로 남겨져 있는 걸 짐작이나 하겠는가. 그냥 학생들을 청결한 환경에서 공부하도록 지도를 아끼지 않았다고 뿌듯하실까. 그래서 착각은 자유고 제 멋에 산다고 하나 보다.

6.

여고를 졸업하고 백수가 되었다. 상업계를 다니지 않았으니 인문계 출신은 취직이 어려웠다. 그 시절에 필수인 주산도 타자도 배우지 않은 내가 갈 곳은 없었다.

원하는 대학은 언감생심이고 하찮은 곳은 자존심이 허락지 않았다. 친한 친구들이 대학 배지를 달았는데 나는 달지 못해 어깨가 움츠러들었다.

세상이 싫었다. 고3시절을 빈둥빈둥 보냈으니 할 말은 없지만 배려를 받지 못한 화가 치밀었다. 입시생이 있거나 말거나 관심이 없던 가족들이 괘씸했다. 친구는 공부방이 없어서 추운 겨울 내내 대청에서 이불을 뒤집어쓰고 공부해서 약대를 갔다. 그 친구는 의지형 인간이었겠지.

나는 내 못남보다 무관심이 더 분하고 약 올라서 늘 화가 치밀었다. 매일이 지옥 같다고 여겨지던 무기력한 시간들 속에서, 스무 살 여린 감성이 휘둘리고 소모되었다.

그러던 내 삶이 지방 이류대학에서 시작되었다. 내가 원하지 않았는데 시작해야 했다. 내 탓이 아닌데 그렇게 살라고 했다.

그때 그곳에 가지 않았더라면 다시 찬란한 봄이 찾아와졌을까.

그곳에서 너무 많은 꿈을 버리며 버둥거렸다.

아름답지 않아서 아프다.

바다가 그리운 날

바다가 보고 싶다는 그대 - 이미 소녀도 아니건만….
그래도 보고 싶은 건 보고 싶은 거지.
 초등학교 5학년 여름방학이 시작 되자마자 할머니와 속초에 가야했다.
기억에 서울에서 강원도를 가려면 미시령인지 어딘지 산길이 시작되는 곳 검문소에서 전화를 걸어 반대편에 차가 출발한다는 걸 알리고야 갈 수 있던 외길이었다. 멀미에 시달리며 긴 고통의 여행 길 끝에 시퍼런 바다가 눈에 들어왔다.
어린 마음에도 동해바다 푸른 물빛이 가슴을 훑어 체증이 내려갔다.
짙푸른 물빛과 파도, 흰 포말은 충격이었고….
'바다가 이렇게 생겼구나!'

교과서에서 배운 바다가 너무 넓어서 무서웠다.

 방학 내내 양양 오색약수터 곰집에서(곰을 키우던 민박집이 있었다) 건강을 추스르고 개학이 되자 속초 시내 초등학교 청강생이 되었다. 청강생이라는 말이 맞는지 모르겠지만, 전학을 시키는 대신 친척 아저씨가 교장으로 계시던 학교 5학년 교실에 앉혀놓았다.

 1반과 2반, 달랑 두 학급뿐이었는데 앳된 문학청년이 담임인 1반으로 들이밀어졌다.

 서울에서는 11반까지였는데 2학급이라는 사실도 믿어지지 않았고 낯설고 어색한 아이들로 지레 병이 도졌다.

 서울에서 온 아이는 관심의 대상이었다.

 책을 읽으면 서울 말씨가 간지럽다고 웃고, 서울에서는 들도 보도 못한 곤봉 체조 연습에 쩔쩔 매면 '어떻게 이런 일이?' 하는 표정들을 지었다. 그 아이들보다 나은 게 하나 없던 서울아이는 그저 숙맥이었다.

어느 날은 겪어보지도 못한 특활시간이라며 아이들은 수예반, 합창반, 서예반 등등 각자의 활동 반으로 흩어졌다.

어쩔 줄 몰라서 교실에 남았더니 글짓기반이란다.

교대를 갓 졸업한 담임은 동시, 산문을 지도하는 문학도였다.

내 글짓기가 그래서 시작이 되었다.

그분은 지금쯤 시인으로 사실까.

담임은 서울내기를 지금 관광지로 유명한 '아바이' 마을도 데리고 가고, 글짓기반 아이들과 묶어서 설악산 흔들바위에도 갔다. 버스를 처음 타 본다는 아이도 있어서 서울내기는 먼 이국에서 온 것 같았다.

짝꿍이 '이덕자'라는 키가 작고 얌전한 아이였다.

덕자가 학교 뒤에 있던 영랑호로 자주 데려가 주었다.

물풀이 많아 수영하던 이들의 익사사고가 많다는 호수에 무섬증이 일었다.

몇 해 전에 속초에 들러 영랑호를 돌았더니 바다 같던 호수는 옹색하고 번잡한 유흥지로 변해 일렁이던 물결은 보이지 않았다.

그때의 바다는 서울로 돌아온 계집애에게 그리움으로 저장되었다.

알게 모르게 입에 붙었던 강원도 사투리가 튀어 나와 교실이 웃음바다가 되고, 먼지 자욱한 교실에서 한 반 아이들조차 말 섞는 일 없이 학기를 보내던 일상 속에서 자꾸 바다가 그리웠다.
　십 수 년이 지나도록 되돌아 가보지 못한 그곳.
　아이들은 바다를 지키고 있을까.
　뜨내기로 지나간 서울내기를 기억이나 해줄까.

　어린 계집애가 기억하는 바다가 보고 싶다.

2.
어느 꿈같은 날들

이제 몽실이가 떠난 크리스마스는
내게 슬픔으로 기억될 것이다.
한 줌 재가 되어 집으로 돌아온 내 강아지.
기쁨이었던 너를 잊지 않을게. 수고했어. 잘 가렴.

내 사랑은 강으로 흘러갔다

  사랑이라는 말 - 한여름 장맛비 흙탕물에 섞이고, 동짓달 얼음장 밑으로 몸서리치며 잊혀졌다.
  심드렁한 표정에 마음도 부실해져 사랑 같은 건 기억에도 없다.
  사랑한다는 말에는 눈 크게 뜨고, 심호흡하며 숨결 다듬어 깊숙한 그리움을 건져내보던 소용없는 감정의 찌꺼기들. 레테의 강가에서 문득 물어보면 당신은 무어라 답을 주려는가. 우린 정말 사랑했을까.

얼마나 좋을까

이해할 수 없는 낱말들이 춤을 추는 당신들의 세계는 늘 먼발치에 있다.

당신들은 누구일까.

나는 정말 당신이 싫어.

나를 무식하다 주눅 들게 하는 언어의 유희로 당신이 차라리 시 한 편 써주면 얼마나 좋을까. 그러면 버석버석 소리 나던 가슴 속에 그리움 한 줄기 흘러갈 텐데.

씁쓸한 만남

某행사장에서 그네들을 만났다. 알은 체를 않는 그네들이 민망해서 나도 모르쇠로 돌아섰다.

사람의 인연이란 이상한 것이어서 평생 볼 일이 없다 했는데도 마주치게 되니 씁쓸하고 난감하다.

오래전 어느 여인네가 불편하게 헤어진 지인을 우연이라도 만나지게 되면 어쩌나 걱정이 된다고 하였다. 무섭다고도 했다. 나도 잠시는 반갑지 않은 해후가 걱정이 되고는 했다. 그렇지만 정작 만나졌을 때는 담담했다. 오랜 시간에 녹여져 와해된 감정이려니 심드렁했다. 그저 사는 게 뭘까 철학자가 되고는 했다.

사람보다 더 좋다

열다섯 살 몽실이가 변을 실수하기 시작했다. 제 발에 오줌 묻는 것도 싫어하던 깔끔이가 앉은 자리에서 싸버린다. 주인의 눈치도 아랑곳 않고 당당하게 싸버리니 어이가 없어 웃음이 났다.

사람나이로 치면 80살 정도의 노인이라니 치매가 온 건지, 수의사의 말처럼 꾀가 멀쩡해서 게으름이 난 건지 알 수가 없다. 그나마 사람이 있을 때면 이내 치우고 씻기거나 하겠지만 아무도 없을 때 저지르면 얼룩이며 냄새에 대책이 없다. 허리가 긴 견종이라 허리디스크가 고질병이라는데 움직임도 둔해지고 걷기를 힘들어 하면서 가끔은 비명도 지르니 그저 가엾어 보듬을 뿐이다.

아들도 밖에서 돌아오면 한참동안을 주물러 주면서 아파하지 않는지 살핀다. 어린 강아지 때부터 기른 정이 있어

식구들 모두가 안쓰럽게 여긴다.

  나와 같이 늙어온 몽실이. 그나마 요즘은 자기도 양심이 있는지 용케 여기저기 깔아준 마른 걸레를 찾아 오줌을 눈다. 온 집안에 마른 수건들이 몇 겹으로 놓여있어 보기에 지저분하지만 상전 아닌 상전이니 어쩔 수 없다. 말없는 아이처럼 짖음도 줄고 무료히 햇빛을 따라 누워있다. 혼자 있는 게 싫은지 외출하는 눈치가 보이면 가만히 다가와 팔이나 다리에 제 몸을 기대고 앉아 요지부동이다. 그도 애틋해서 걸음이 떨어지지 않으니 정이라는 게 무거운 짐이다 여겨진다.

  지인들과의 자리에서 "나는 개가 사람보다 더 좋다."라고 하니 "아무리 사람만 하겠어?" 하는 답이 돌아왔다.

  내게 犬은 사람보다 낫다. 제 몸을 기대고 깊은 잠을 자거나 살짝 핥으며 애정을 표시하는 감정의 표현이 사랑스럽다. 겁나거나 아프다고 주인의 품을 찾는 작은 생명체의 온기로 내 감정이 유순해지고 말랑한 마시멜로 같아진다. 15년이라는 시간 동안 단 한 번도 슬픔을 주지도, 상처를 주지도 않았다. 즐거움이고 기쁨이었고 위로였다.

그런데 이제 이별을 예감한다.

측은하고 애틋해서 가만가만 머리를 쓰다듬으면 낮게 코를 고는 몽실이.

이 아이는 짧은 犬생이 행복했을까.

주인의 눈물을 핥아주던 아이를 못 놓을 것 같아 오고야 말 그 순간이 무섭다.

이유가 많은 사람들

　제 욕심이 채워지지 않으면 골을 내는 사람들이 의외로 많아서 놀랐다.
　노욕이거나 이기심이라고 여겼는데 남녀노소, 나이에 상관없이 골질을 하는 꼴불견을 벌써 몇 번이나 겪었는지. 얼마 전에는 주민대표를 맡고 있는 아파트 일로 임원들과 식물원에 갔었다. 일을 마치고 나니 점심시간이었고 대가도 없이 시간을 뺏은 게 미안해서 식당으로 가자고 했더니 한 사람이 다짜고짜 화를 냈다. 왜 화를 내는지 어안이 벙벙했다. 집에 가서 먹으면 되지 길에만 나서면 밥을 사먹으려 한다며 사뭇 훈계조였다. 나는 단 한 번도 공금으로 식사를 하지도 않았고, 적은 금액이지만 판공비라는 걸 받기에 모든 회식비는 내가 계산을 했었다. 1년에 서너 번 회의를 하면 그때마다 식사대접을 했다.

이유는 규모가 작은 아파트라 무보수로 봉사하는 임원들에게 미안해서 식사라도 대접하자는 취지였다. 그런데 느닷없이 화를 내면서 씩씩거리니 이유를 알 수도 없고 봉변을 당한 기분이었다. 나 역시 집에 돌아가서 식사를 하면 되고 내 주머니가 덜어질 일도 없다.

그저 같이 간 사람들에게 점심을 사야겠다는 생각이었는데 불문곡직 화를 내고서도 우여곡절 끝에 찾아간 냉면집에서는 달게 식사를 했다. 오는 내내 기분이 나쁘고 불편했다. 그동안 내 깐에는 대접의 의미로 조금 이색적이거나 맛집으로 유명한 집을 찾아 갔는데 그런 일들이 비위에 맞지 않았나 보다. 열심히 사는 사람들이라 그간의 행보가 마치 한심한 여편네의 철없는 낭비로 보였겠다 싶었다.

바로 며칠 전에 한정식으로 회식을 했기 때문에 '또?'라고 여겼는지는 모르지만 남의 집 여자에게 함부로 골질을 하는 모양새가 생각할수록 기분이 나빴다. 안 그래도 '간단하게 요기를 할까요?' 물으려던 참이었다.

유쾌하지 않은 걸음을 다녀와 한동안 모르쇠로 살았다. 임기도 얼마 남지 않았으니 시간아 빨리 가라 생각으로 이제는 이 일 저 일 되는 대로 내버려 두자 싶었다. 저마다 제 고집만 내세우며 불쑥불쑥 골질을 하는 사람들도 지긋지긋하고 규칙이라는 게 지켜져야 한다는 걸 간과하는 이 동네의 특이한 분위기도 별나다 싶다.

끼리끼리의 묘한 동질감에서 떠밀려나와 있는 섬 같은 기분. 이 또한 지나갈 일이다. 이 나이에 무슨 대단한 벼슬이라고 희비곡선에 연연하겠는가.

그냥 미안합니다

 결혼할 생각을 접은 듯 나이가 차도록 요지부동이던 아들이 짝을 만나 장가를 들었다. 등잔 밑이 어둡다고 2년 넘게 같은 부서에서 일하던 동료가 짝이 되었다. 양가 부모가 상견례하고 날을 잡고, 절차는 순조로웠다. 더구나 내가 평소에 바라던 대로 성당에서 식을 올린다고 해서 감사하고, 남들이 신부가 예쁘고 착해 보인다고 해서 그도 좋았다.

 언제 입었었는지 기억도 가물가물한 한복을 차려 입고, 올림머리에 장식도 꽂아 한껏 단장을 했지만 아무렴 새색시 때 같을까. 생각도 못한 인물 품평회가 전해져와 당혹스러웠다.

 입이 절로 벌어져 벌쭉벌쭉 웃으며 손님들 맞았는데 가끔 "어머, 많이 변했네!" 하는 인사가 들렸다. 그리고 아이들 신행 보내고 집에 돌아와 기꺼운 마음에 여기저기 인사 전화를 돌렸다. 경조사 때나 겨우 얼굴 보게 되는 친정 쪽 친지들이라 3~4년 만인 경우도 많았다. 멀게는 10년 세월이 지나간 친척도 있었다. 그러니 소식 전해 듣고 찾아준 자리는 더 고맙고 반가웠다.

내가 60대 중반이니 언니, 오빠들은 7~80대에 접어들어 돌아가신 이모, 이모부의 모습이었다. 그분들의 모습이 보여 콧날이 시큰하고 내가 품에 안고 어르던 조카들이 아비, 어미 되어 자신의 아이들을 데리고 왔으니 세월이 유수 같다는 말이 실감났다.

옛 추억까지 들춰가며 감상에 젖어 통화를 하는데 "그런데, 너 왜 그렇게 돼지가 됐어? 보고 깜짝 놀랐다!"라고 팔매질이 날아왔다.

처음에는 이게 무슨 소리지? 이해가 되지 않았다. 스무 살 처녀도 아니고, 3~40대 젊은 나이도 아니고, 환갑이 지났지 않은가. 그런 나를 보고 돼지라니? 튼실한 몸매에 불어터진 찐빵 같은 얼굴이 얹어져 남들 보기에 부담스러울 거라는 정도는 나도 알고 있다. 그래도 대놓고 돼지라니… 당혹스러워서 얼른 대답이 나가지 않았다.

"돼지라고요?"

"아니~ 이제는 나이도 있는데 관리를 잘 하라고. 그렇게 살이 쪘는데 운동도 하고 그래야 건강하다고."

전화를 끊고 돌아앉으니 얼굴이 벌겋게 달아올랐다. 남의 혼사에 와서 축하해 주면 그만인 것을 왜 혼주들의 인물품평회를 입에 올리는지 알다가도 모르겠다.

하긴 남편의 친구들 뒤풀이자리에서도 "친척 같던데 그 얼굴 시커먼 사람은 누구냐?"고 거침없이 외모를 입에 올렸다. 시커먼 이는 단 한 명뿐이라 누구인지 알았지만 비하의 뉘앙스가 있으니 누구라고 답을 하기 싫었다. 남의 집 혼사에서 사돈 인상이 어쩌고는 그렇겠거니 여겨지는데 일가친척을 난도질이니 별 희한한 취미들 아닌가.

솔직히 남루하고 못난 사람이 혼주석에서 얼쩡거리는 게 편한 심사는 아니었다. 우리 쪽 곪은 손가락이니 어쩔 수 없을 뿐인데 굳이 누구냐고 캐묻는 호기심이 괘씸했다. 기분 좋게 뒤풀이를 하는 자리에서 거침없이 내뱉는 말들에 상처를 받는 입장은 생각 않으니 누군가의 잔치자리에서 나도 그러지 않았을까 머릿속이 복잡했다.

여하 간에 뒤풀이는 아직도 몇 차례가 남았고, 휴가여행도 계획에 들어있다. 아들 나이 마흔 살 넘길까 노심초사, 고군분투했던 마음고생에 휴가를 갖기로 해서 요즘은 희희

낙락 어디로 갈까 궁리가 즐겁다.

'돼지'라고 일갈을 한 친척들에게 '살 빼러 산티아고'로 걸으러 간다고 할까.

오랜만에 보는 친척들이 젊었던 시절의 내 모습을 기억 속에 묻어두고 있다가 현실에서 마주친 모양새에 기겁을 하는 심정은 알 것 같은데, 그래도 대놓고 돼지는 너무하지 않은가.

그네들에게 세월이 준 충격을 민낯으로 내보여 그냥 미안하다.

아무래도 훌쩍 산티아고로 떠나야 할 것 같다.

살도 충격도 괘씸함도 내버리면서 그냥 묵묵히 걷고 싶다.

살아있음의 유세

 동네 사람 하나가 갑자기 의식을 잃고 쓰러져 속절없이 유명을 달리했다.
 119대원이 심폐소생술을 하느라 애썼지만 신고가 늦어 시간을 놓쳤다고 한다.
 돌아가시고 보니 생전에 시신기증을 약속해서 병원에서 앰뷸런스가 득달같이 달려왔는데, 그 사실을 모르고 있던 자녀들이 기절초풍, 거부를 해서 병원에서 온 담당이 그대로 돌아갔다.

 그러고 보니 전에 지인들하고 여담을 나누다가 죽은 사람이 할 수 있는 건 아무것도 없다고 했던 말이 생각났다.
 죽은 후에는 산 사람들의 처분을 바랄 수밖에 없는 거라고 그저 죽은 사람은 말이 없는 거라고 모두 허탈하게 웃었다.

죽고 나면 내 몸뚱이조차 마음대로 할 수 없구나.

묻으면 묻는 대로, 태우면 태우는 대로….

나는 묻거나 하지 말고 깨끗하게 태워서 훌훌 바람 길에 뿌려주기를 원한다.

요즘 존엄사에 대해 왈가왈부하지만, 어찌 생각하면 그도 살아있는 사람들의 편의를 위한 것이다.

물론 고통스러운 연명을 원하지 않는 의사(意思)도 있기에 그를 존중하는 거라고 하지만, 실제서류를 남기고 사인을 한 사람들은 자식들에게 부담을 주기 싫어서라는 답이 많았다. 나도 그런 경우에는 존엄 사를 택할 것이고 연명치료를 거부 할 것이다.

가장 큰 이유가 자식들에게 힘든 상황을 겪게 하고 싶지 않아서 이니, 부모의 마음은 일맥상통하는 게 아닐까.

살아있음이 벼슬이고 유세를 하는 자리다.

좋고 싫음을 얘기할 수 있고, 버리거나 품거나를 자유로 할 수 있다.

'막' 하지 말고 잘해야 하는 책임을 생각해 본다.

살아있음은 얼마나 대단한 건가.

개 탓, 사람 탓

가끔 개가 사람을 문 사건이 뉴스에 나온다. 하룻강아지들이 겁도 없이 사람을 공격한 거다. 요즘 '세상에 나쁜 개는 없다'고 개 박사(!)가 TV에 나와서 버릇 나쁜 개 염려증을 덜어 주고 있다. 인기가 연예인 못지않다고도 한다.

나도 개를 기르는 입장이라 그의 방송시간을 챙겨보는 편인데 일일이 다 옳은 말이다. 좀 더 일찍 알았으면 좋았을 정보는 안타깝고, 주인이 무지해서 손해를(?) 본 우리 집 개 몽실이에게는 미안하다.

개를 기르면서 가장 큰 관건은 용변 가리는 걸 가르치는 일이다. 만물의 영장 사람도 용변을 가르치는 일이 쉽지 않아 기저귀를 늦도록 차는 지각생도 있는데, 미물일 뿐인 개, 고양이가 마음처럼 대, 소변을 2, 3일 내로 가리지 못하는 건 정상이다. 개를 기르게 되면 부지런해야 한다. 강아지가 환경에 적응하고 익숙해져서 마음이 놓일 때 용변훈련을 시켜야 하는데 데려다 놓자마자 '쉬'를 가리라고 아우성이니 천재 견 아니고서야 될 일인가.

  나도 2달 된 몽실이를 데리고 와서 배변패드를 깔아 놓고 쉬를 하라고 어지간히 스트레스를 주었다. 다행히 귀염을 받고 싶었는지 일주일 정도에 변을 가려서 고생을 덜했다. 그때 알았더라면 패드를 넓게 깔아 주어서 놀다가 싸도 혼이 나지 않았을 텐데 달랑 한 장을 깔아 주고 여기다 하는 거야 하고 강요를 했으니 말을 할 줄 알았으면 '너무 좁아요. 큰 걸로 깔아주세요.' 했을까.

  개가 변을 가리지 못하는 것은 사람 탓이다. 사람이 부지런하게 며칠 동안은 예의주시하고 싸려는 기미가 보일 때

얼른 패드에 올려놓거나 하면 용하게도 이내 깨치는 게 본능이다. 실수를 하지 않았을 때 간식을 주어 칭찬을 해주면 더 효과적이기도 하다. 해서 15살 몽실이는 지금도 변을 보고 나면 먹을 것을 달라고 졸졸 따라 다닌다.

동생도 개를 길렀는데 그 녀석은 주인을 몇 번 물어서 동생이 병원으로 달려간 적이 두어 번 있었다. 나중에 얘기를 들어보면 분명 사람 탓이다. 실수를 했다고 개를 윽박지르다가 겁을 먹은 개가 좁은 공간에 피해 있는 것을 무조건 잡아끌어 내려고 했으니 물리는 게 당연하다. 개는 일을 저질러도 돌아서면 새까맣게 잊는다고 한다. 그러니 순간을 포착하지 못했으면 나무라는 게 의미 없는 일이라고 한다. 무는 개들도 그 버릇을 제때에 바로 잡지 못하면 끝까지 문다. 운동을 못해서, 먹은 것이 충분하지 않아서 스트레스가 쌓였을 때 개의 본능인 무는 행동이 튀어나오는 것이다. 몽실이도 강아지 적에 앙하고 물 때가 있었지만 신기하게 살짝 무는 걸 느꼈다. 주인이라서 힘껏 못 물고 욕구불만을 표시만 하는 것 같았다. 강제로 목욕을 시키거나 발톱을 자르려고 할 때 이빨을 드러내는데 수의사에게 배운 대로 살짝 콧등을 손가락으로 튕기면 그 행동을 멈췄다.

15년 동안 이렇다 할 말썽 없이 잘 있어준 몽실이가 요즘은 노화로 여기저기 병이 생겼다.

이별이 멀지않았음이 감지되면서 애틋한데 무는 개들로 인해 모든 개들을 별 고민 없이 필요에 따라 안락사를 시켜도 된다는 여론이 분분하다.

무는 버릇을 고쳐주지 못 했거나, 알고 있기에 세심한 주의를 기울여야 했을 책임은 사람에게 있는데 엄청난 결과를 초

래한 최근의 사건으로 개들은 전전긍긍 몸을 사려야 한다.
 사건을 낸 연예인의 개는 지금 지은 죄도 모르고 생이별한 주인을 오매불망 기다리고 있을 것이다.
 모든 게 사람 탓이다.
 왜 집안에 들여 키우기 시작했을까.
 온 동네를 돌아다니다 밥 때면 용케 집으로 찾아들던 누렁이가 행복했을지도 모르겠다.

흔 적

 열다섯 해를 품었던 강아지가 별이 되었다. 온 힘을 다해 숨을 몰아쉬는 게 가여워 밤새 안아주었지만 이별인 줄을 몰랐다. 눈을 맞추는 강아지의 몸짓을 왜 몰랐을까. 새벽에 잠시 내려놓자 늘 앉던 자리로 가기에 깜빡 잠이 들었다.
 그 사이에 몽실이는 숨을 놓았다. 비명 한 번 지르지 않고 그렇게 별이 되었다.
 이제 몽실이가 떠난 크리스마스는 내게 슬픔으로 기억될 것이다.
 한 줌 재가 되어 집으로 돌아온 내 강아지. 기쁨이었던 너를 잊지 않을게. 수고했어. 잘 가렴.

나, 어떡해

아들이 여행 간 사이 책상 정리를 한답시고 이것저것 뒤적이다 실수로 '펜 마우스'를 버리고 말았다.

잉크가 마른 볼펜을 정리하면서 그 '펜 마우스'를 잉크가 나오지 않는 펜인 줄 알고 폐기하는 묶음에 던져버렸다. 마침 재활용품 수거일이라 지체 할 사이 없이 그것들은 수거차에 실려 갔다.

아들이 돌아오자 문득 이상한 것을 느꼈는지 옷을 벗다 말고 무언가를 찾기 시작해서 이렇게 저렇게 정리했노라고 공치사를 했다. 펜을 많이 쓰는 작업을 하는 아들인지라 책상에 놓인 수십 자루의 펜들을 색깔별로, 용도별로 정리를 했는데 아들은 만년필 같이 생긴 물건을 못 보았느냐고 사색이 되었다. 값도 수십 만원하는 무선형 마우스란다. 가슴이 철렁했다. 기억에 분명 긁적거리면서 잉크가 나오는지를 확인한 것 같았다. 무엇인지 모르겠으면 그대로 두기나 하지…. 날름 버린 게 틀림없었다. 급한 마음에 혹시나 하고 재활용장으로 달려갔지만 역시나 이미 깨끗하게 치워져 있었다.

 아들은 애써 괜찮다고 했지만, 찾으면서 값보다도 다시는 사기 힘든 모델이라고 했었고, 벼르다 큰마음 먹고 산건데 했던 혼잣소리가 가슴에 콕콕 박혀있어 그야말로 자괴감이 들었다. 아들이지만 미안하고 무참한 기분에 가슴이 쓰렸다.

 그날은 잠을 자지 못했고, 그 후로도 계속 상실감 같은 기분이 가라앉지를 않았다.

 큰아들에게 넌지시 브랜드를 물어서 같은 걸 구해주라고 부탁했더니 괜찮다고 하니 걱정 말라고 했다.

 그런데 마음이 아팠다. 내가 어딘가 모자라는 부실한 어미 같아 무참했다.

스스로에게 위로가 되려고 아들통장에 입금을 하고 문자를 보냈다.

"아들, 너무 미안해. 형 장가 들이고 엄마가 마음이 휑한가 봐. 그냥 복잡하고 미묘한 변화가 적응이 안 되서 힘들었는데, 그 와중에 실수를 해서 더 난감해. 그러니 꼭 새 걸로 장만했으면 좋겠어."

"엄마는 뭘 그런 걸로 마음을 써요? 없다고 일 못하는 것도 아닌데 걱정 말아요. 싼 것도 많으니 적당한 걸로 다시 살게요."

아들의 답장에 체기(滯氣)가 내려갔다.

그리고 오늘 아침, 나는 한참을 허허 웃었다.

얼마 전에 주서기에 딸린 부속을 잘못 버려 다시 구입했었는데, 그 실리콘 날개가 또 없었다.

 지난번에는 복숭아 껍질을 버리면서 휩쓸려 들어갔었고, 곰곰 생각하니 이번에는 감자껍질을 버리면서 들어갔지 싶다.

 어제 아침에 씻어서 물에 담가 두었는데 그냥 휙 쏟아버린 게 틀림없다.

 아, 이 경망스러운 손모가지여.

 외출에서 돌아와 급하게 찌개 준비를 하면서 덤벙대다 버렸을 것이다. 그래도 앞에는 7년이나 잘 써오다 실수를 했지만 한 달도 안 돼 같은 실수를 하다니 펜 마우스와 겹쳐 허탈하기만 하다.

 날개가 없으면 기기를 쓸 수 없으니 다시 주문을 하면서 실실 웃었다. 배보다 배꼽이 큰 택배비에 송금 수수료까지 물었다. 이제 머릿속 나사가 풀리고 있나 보다.

 나 어떡해.

더운 하루

 요즘은 덥다는 말이 습관적으로 튀어 나온다.
 섭씨 35~6도를 오르내리는 날씨가 숨을 막히게 하니 외출하지 말라는 안전문자에 고개가 끄덕여진다.
 에어컨 바람이 싫어서 피해 다니던 때가 엊그제 같은데 이제는 에어컨 없이는 못살지 싶다.
 간혹 뉴스에 비치는 쪽방촌의 열악한 환경을 생각하면 이런 호강이 어디 있나 싶고, 우리 동네에도 있는 '무더위 쉼터'가 좀 더 많이 생겨 누구나가 시원한 여름이었으면 싶다.

 여름이 시작되면서 아파트 경비실에 에어컨을 설치해야 했는데 몇몇의 반대로 이제껏 설치를 하지 못했다.
 그들의 지론에 따르면 주민들은 아끼느라 에어컨을 켜지 않는데 경비실에 에어컨이 웬 말이냐는 거다.

화가 나서 당신들은 당신 살림을 아끼는 거고 그분들은 직장이고 당연한 환경개선이며, 해드려야 하는 책임이 있다고 누누이 설명을 해야 했다.
 더운 날 지열이 끓으면 바람마저 뜨거워 선풍기도 소용없어 작은 경비실이 사우나실이 되어 버리는데 당신들이 10분만 앉아 있어보라고 했다.

 화가 나서 견딜 수 없었다.
 비겁하고 이기적인 인간들이다.
 본인들의 불편은 눈곱만큼도 참지 못해 별의 별 민원을 다 제기하면서 유독 경비원, 미화원의 처우에는 쌍심지를 켜고 야박하게 군다.
 엊그제 뉴스를 보니 별을 다신 분의 마나님이 남의 집 귀한 아들들을 제집 종 부리듯 하다가 결국 남편에게 불명예를 선물하던데 그이의 인성이나 이 동네 몇몇 아주머니의 인성이나 같은 급이다.

 알고 보면 심보가 고약한 사람들이 도처에 널려 있다.
 제 욕심 차릴 때는 염치도 없고 체면도 없으면서 베풂에는 인색하기 짝이 없으니 그저 사는 게 뭘까?
 귀신은 뭐하나? 저런 인간들 얼른 데려가지 생각이 절로 든다.

 에어컨은 반이나 지나간 여름이라 차라리 늦가을에 달기로 했다.
 냉, 난방 겸용으로 설치하면 전기 히터를 쓰지 않아도 된다고 오히려 절약이 된다고 설득을 했다.
  어림잡아 계산을 하면 세대 당 3~400원의 전기료가 더 부담이 되는데 그 돈을 아끼겠다고 거품을 무는 사람들과 같이 살고 있다는 게 정말 짜증이 난다.

  이번 여름은 뜨겁다.
  성질에 불을 지피는 인간들이 사방팔방으로 널려있어 더 뜨겁다.

흐린 아침

 문득 마티니가 생각이 났다. 몽롱하고 나른한 취기가 그리워졌다. 젊은 날 가슴을 아프게 했던 기억 속에서 마티니는 솔잎향을 품고 있다. 그때는 솔잎 향을 마신다고 멋에 휘둘렸다. 그런데 오늘 아침에는 멋은 사라지고 취기가 남아 곤혹스럽다.
 귀를 씻고 싶은 시간이었다. 느닷없이 쏟아내는 친구의 넋두리. 증오가 끓어올라 어쩔 줄 모르는 목소리가 영혼을 갉아내는 것 같았다. 꿈이 많고 웃음이 많았던 친구는 사라졌다. 맑은 눈빛도 사라지고 탐욕이거나 삶의 찌꺼기가 덕지덕지 올라앉은 남루한 영혼이 쇳소리를 내고 있었다. 어찌 생각하면 내 반쯤의 시간 속에 함께 했던 희로애락이었다. 그런데 이제는 버리고 싶어졌다. 배신일까?
 나는 이제 평온하고 싶고 아름답고 싶다. 열심히 살아온 삶에 누(累)가 되지 않게 마무리가 아름답기를 원한다. 우리 나이가 그래야 하는 시점에 닿아 있다. 그런데 그네들은 왜 그렇게 누추하고 질척이는 삶을 부끄러워하지 않는 걸까.

친구의 삶은 굴곡이 많았다. 원하지 않은 주변에 의한 결과이기에 동정하고 위로하고 편이 되려고 했다. 정말 맑고 지혜로운 아이였는데… 그 본성 어디에 숨어 있었을까. 도를 넘은 욕심이 가져다준 벌(罰)이다. 이제 와서 후회하면서 누군가를 미친 듯이 증오하는 너덜너덜해진 영혼. 유유상종이라는 말, 맞는 말이다.

친구의 주변에서 같이 했던 그네들은 물질의 노예였고, 움켜쥐었고, 만족해했다. 그래서 그네들끼리는 통한다고도 했다. 더러는 실패한 존재도 끼었지만 개의치 않고 공모자로 희희낙락했는데, 아마도 의리는 없었나 보다.

나는 어린 눈에도 친구의 친구가 탐탁지 않았었다. 질척 거리고 눈빛에 물기가 있고, 음성은 소근 거렸다. 친구가 그런 아이를 가까이 하는 게 싫었지만 무엇을 어찌할 수 있는 나이가 아니어서 그네들은 그네들끼리 비슷한 길을 걸었다. 숙맥이 상상하기도 힘든 대단한 경험들을 나누면서 그네들끼리의 소설이 쓰였다.

그 세월이 벌써 반세기 50여 년이다. 그중에 하나가 친구의 남편과 내연관계였다고 한다. 이혼하고 열심히 산다더니 7년이나 친구의 남편과 내통하면서 시치미 떼고 소꿉친구 노릇을 했다. 뒤통수를 친다는 게 그런 건가 보다. 듣는 내 귀를 의심했다. 그러면서 친구의 과거를 까발리고 이간질을 하면서 첩 노릇을 했단다.

울분을 토하는 하소연에 '정말 이런 인간들이 있었네!' 아연실색 정나미가 떨어졌다.

그년은 무엇이고 또 그 남편 놈은 무언가?

정이 없으면 의리로 사는 게 부부라고 하던데 알량한 정도 없고 의리도 없어서 도리라는 건 갖다 버렸을까?

허여멀건 그 여자의 얼굴이 생각나고 토악질이 났다. 지극히 불행하고 불쌍하게 살았던 존재지만 딸 둘이 의대를 나와 어엿한 의사노릇도 하고 있다. 사위도 보고 손녀도 있다. 그런데 왜 친구의 남편과 내통을 했을까? 돈 몇 푼에 영혼을 갉아먹었다면 쓰레기 인생을 어떻게 처리할지 궁금해진다. 돈에 미친 사람들. 아무 거리낌 없이 죄를 공모하는 사람들. 지긋지긋하다. 나는 이제 친구를 버리고 싶다. 단순한 피해자가 아닌 벌을 자초한 결과를 억울하다고 하는 양심 없음이 그저 구질구질할 뿐이다.

나는 인간관계에서 배신을 하는 걸까?

3.

나의 꿈, 산티아고

어제는 제대 장식 꽃을 약속했습니다.
제대에 놓인 아름다운 꽃,
거짓 없이 타오르는 촛불에 바치는 기도는
'아이들 어깨에 손을 얹어주세요.'입니다.

가고 오는 길목에서

어김없이 흐르는 시간의 강은 선택의 여지없이 다른 시간을 앞에다 갖다 놓습니다.
가끔은 당혹스럽고, 무엇을 어찌해야 하나 황망하지요.

근래에는 부쩍 싱숭생숭합니다.
아마도 새 식구를 맞이하는 일이 알게 모르게 부담을 주는 건가 싶습니다.
마음은 다 비웠다고, 내가 할 일은 부모의 도리만 하면 되는 거라고 최면을 걸고 있는데, 부딪쳐 오는 습관된 스스로의 단순함에 깜짝 놀라곤 합니다.
전혀 다른 문화 속에서 살아온 사람들임을 간과하면서 같은 생각일 거라 단정 짓는 단순함에서 깨어나는 일이 쉽지 않습니다.

뜨거운 여름에 새로 시작하는 아이들.
열정으로 채워지는 시간들이기를 아주 많이 기도합니다.
아들 몫의 기도 초가 수를 더 했고요.
어제는 제대 장식 꽃을 약속했습니다.
제대에 놓인 아름다운 꽃, 거짓 없이 타오르는 촛불에 바치는 기도는 '아이들 어깨에 손을 얹어주세요.'입니다.

무심한 시간의 강물 - 강가에서 찰방찰방 걷던 평온했던 언젠가의 기억을 되살려 봅니다.

멜랑콜리

음울한 날씨에 축~ 처지는 느낌입니다.

바람은 미친 듯 불어대고, 꼼짝 않는 '몸뚱이'는 둥실, 두리 둥실.

마침 교우가 떡을 가지고 왔어요.

이 추운데 배달하느라 고생인데 얼굴은 방실방실.

참 괜찮은 사람이라는 생각이 들어요.

성당에서 구역 반장을 맡아 수고가 많은데 찌푸린 표정을 한 번도 보이지 않는 사람입니다.

꼬맹이들(주일학교) 간식 값 버느라 연말이면 가래떡을 해서 파는데 군말 말고 하나라도 사주면 될 것을 "우리 집은 떡을 안 좋아해요." "안 사요!" 등등 수고하는 사람을 지치게 한답니다.

'싸가지 읎는 것'들은 어디에나 찡 박혀 있지요.

어쨌든가 한 번은 떡국을 끓여 먹잖아요.
냉동실에 두었다가 국 한 번 끓이면 될 것을….

시국이 시국인지라 마음은 짜증스럽고, TV에 비치는 정치가랍시고 나대는 기름 낀 얼굴들 안보고 싶고….
덩달아 침 튀기는 인심도 싫습니다.
남편이 바람을 폈는데 상대가 스펙 좋고 인물 좋고 돈까지 있다면 그나마 위로가 된답니다.
아~ '저ㄴ' 정도니까 눈 돌아간 게지. 라고요.
그런데 너무나 형편없는 계집이라면 무너지는 자존심에 화가 더 나는 거랍니다.
지금 '순실이 자매 ㄴ'들이 딱! 그렇습니다.
너무나 형편없는 쓰레기들.

낯짝도 혐오 그 자체이던데…. 우째, 그런 하잘것없는 것들과 찰떡사이였는지… 이해불가입니다.

떡이 네 팩인 데 굵어서 떡국용으로 썰어야 할 것 같습니다. 벌써 두 가닥이나 우물우물 먹었네요. 밥 2공기?
몽실이의 눈빛이 '엄마~ 그만 무라. 그 배를 우짤라고….' 하는 것 같아요. -.-;;

가끔 원고를 달라 하시는 단골이 계시는데 그분과의 인연 때문에 '찍'소리 않고 날짜 따박따박 지켜서 보내 드렸습니다.
며칠 전에 또 청탁이 왔기에 조금은 짜증이 났지요. 아무 때나 술술 풀리는 글도 아니건만….
그런데 자세히 읽어보니 이번에는 '원고료'가 있어요.

그동안 책 1권으로 때웠던 사정이 미안했었는지 원고료 나오는 자리를 마련하셨나 봅니다.

돈 준다니 어제는 술술 글도 잘 써지고….

몇 번의 수정을 거쳐 날짜 따~악 지켜서 보내야겠습니다.

이렇게 좋은 일하면 떡값이 절로 생긴답니다.

삼청동 길

 늘 그대로 있어줄 것 같았던 그 거리도 이제는 화장을 시작했다.

 지분 바른 여인의 천한 웃음이 스멀스멀 기어 나오는 듯 낯설어진 거리.

 아이들은 추억을 찍는다며 한복 치맛자락을 펄럭인다.

 다소곳한 처자의 모습은 어디로 갔는지 아이들은 옷매무새 따위 잊어버리고 입을 벌리고 깔깔 웃고 치마는 바람 따라 춤을 준다.

 여미는 손길은 없고 치마 밑으로 내보이는 '나××' 운동화.

 양갓집 규수의 댕기머리 드리운 고운 모습은 드라마에서나 볼 수 있는 쓸쓸한 세월이다.

 카페가 줄을 이어 들어서 있고, 형형색색의 장신구들이 눈길을 끈다.

명맥을 유지한 몇 채의 한옥들은 사주카페라고 간판을 달 았다.
 그래도 골목이 사라지지 않아 꼬불꼬불 걷는 재미를 더한다.
 아직은 내 기억을 더듬어 찾아보고 싶은 길로 남아주기를 찬바람 휘돌아 가는 길에서 윤보선 길, 별궁 터 길을 돌아 다본다.

날파리 친구

친구가 생겼다.
왼쪽 시선 안으로 날파리가 줄기차게 따라 다닌다.
서둘러 안과를 가니 '비문증'이라고 노화현상이란다.
그나마 망막에 이상이 안 생긴 게 다행이라고….
아~ 이렇게 다 퇴화되고 쓸모없는 잉여의 시간이 다가오는구나.
무거운 걸 들다가 아차 시큰한 팔목도 시원치 않아 며칠째 한의원에서 침을 맞는다.
신경을 건드리는지 악 소리 나오게 아프다.
"아플 거에요." 하는 의사를 한 대 때릴 뻔했다.
제 몸 아니라고 아프거나 말거나 꾸욱 찌르는 침의 섬뜩한 느낌.
아프다는 소리를 입에 달고 사는 누군가 생각이 났다.

고소하다 할까?
너도 나이드니 별 수 없지? 웃는 소리가 들린다.

해는 뜨겁고 길에서는 열기가 끓어오른다.
모자도 양산도 없이 지나가는 젊은 아이들이 발갛게 익었다. 젊음은 폭염도 개의치 않나 보다.
건널목에서 땡볕을 그대로 받고 선 아씨에게 양산을 씌워주니 배시시 웃는다.
"모자라도 쓰고 다녀요."
"네…."
아씨가 환하게 웃었다.
대답이 공손한 걸 보니 가정교육 제대로 받은 아씨다.
저런 아씨들이 많아야 이 나라가 바로 설 텐데….

가정교육이 허물어진 즈음이라 이기심이 팽창한 젊은 아이들에게 질려 말 걸기도 겁난다는데 오지랖이 발동을 했다.

집으로 오는 내내 날파리는 춤을 춘다.
휙휙 포물선을 그리며 시야를 방해 한다.
별다른 치료방법이 없어서 그냥 친하게 지내야 한다니 별 희한한 병도 다 있지.
늘그막에 심심할까봐 날파리를 보내주신 은혜에 감사해야 하나?
과정을 밟고 가는 길이 고달프고 짠하다.

이거 리얼?

ㅇㄱㄹㅇ - '이거 리얼'이라는 뜻이라는데 예능프로에서 속칭 '아재'들이 '아, 그래요'라고 해석을 해서 우스갯거리가 되었다.

인터넷에서 통용이 되는 신조어란다.

나는 '이거 리얼'보다는 '아 그래요'가 더 귀에 들렸다.

"아, 그래요?"

"아, 그래요!"

둘 중 어느 말이든 적당하게 쓰임새가 있지 않은가.

양궁선수 '기××'가 보신음식으로 개고기를 먹는다고 했다고 '××년'이라며 공식적(?)으로 욕질을 한 배우의 모친이 논란이다.

그 모녀는 유명한 동물애호가로 알려져 있다.

아마도 개를 기르는 입장에서 욱했는지 모르지만 딸이 배우 노릇을 하고 있으니 조금 더 신중했어야 했다.
아니나 다를까 배우가 곤욕을 치르고 있다.
욕을 한 모친 덕에 온갖 수모를 다 받고 있다.

그런데 왜 그리들 나대는지 알다가도 모르겠다.
아, 그래요? 무시하거나
아, 그래요~ 심드렁하면 되는데 '금메달' 따신 분을 욕했다고 개 거품들이다.
하필 시합이 진행 중인 이 중요한 시점에 선수의 심기를 거슬렀다고 난리들인, 나잇살 먹은 방송인들이 갖은 꼴값을 다 떠는 걸 보니 먹고 사는 게 참 치사하구나 싶었다.
배우의 모친이 경솔했고 무식한 걸로 무시하면 되는 일을 방송에서 떠들고 야단들이니 심심하던 차에 이게 웬 떡이냐고 주워들고 재롱들이다.

　나는 가끔 '기레기'라는 말이 이래서 있구나 생각을 한다.

　기자 쓰레기라는 말이다.

　특히 연예인을 전문으로 기사를 쓴다는 기자(?)들이 방송에서 찧고 까부는 꼴들을 보면 욕지기가 치민다.

　요즘 방송이 누군가를 희생양으로 삼아 뜯어먹는 모양새지만 정말 한심해서 전파낭비를 하는 것들이란 생각이 절로 든다.

나의 꿈, 산티아고

 많은 사람들이 순례길 800㎞를 완주하고 싶다는 욕심을 낸다. 결코 쉽지 않은 고행이라 목표 달성을 하면 커다란 성취감에 눈물을 흘리는 게 다반사라고 한다.
 걷기에 관심이 있는 사람이라면 누구나 산티아고의 여정을 꿈꾼다. 예수님의 12제자 중에 가장 오래 살아남았던 '야고보'가 걸은 길이다.
 말씀을 전하며 걸었을 그 당시의 고통은 상상도 되지 않는다. 그리고 결국 질시하는 무리들에 잡혀 죽임을 당한 마지막 사도.
 오랜 시간 후에 참형당한 그분의 무덤이 발견되어 이장을 하여 모신 납골당 '데콤포스텔라' 성당에서 순례자들은 미사를 올린다.
 영화의 마지막 장면이다.

그곳에서, 저 성당에서 미사를 바치고 싶다는 욕구가 강하게 일었다. 십년만 젊었다면 순례 길을 시도해 볼 텐데….

그런데 영화 속의 주인공은 나보다 뚱뚱하다. 그리고 건강도 적신호가 켜졌다.
평소에 숨쉬기 운동이 전부인 그가 호기롭게 길을 나섰다.
주인공은 어깨를 누르는 배낭을 메고 걷기를 시작했다.
우여곡절도 많은 길 위에서의 사건들. 길에서 만나지는 사람들은 저마다의 상처가 있고, 목적이 있다.
주인공은 잘 나가는 스타 연예인이다.
사람들의 시선이 괴로운 그를 그 먼 곳에서도 알아보고 사진을 찍는, 남의 사정은 아랑곳 않는 대중의 이기심들.
혼자이기를 원하면서도 외로움이 '같이'를 찾는다.

동행들이 만나지고 그럭저럭 호흡을 맞추며 걸으면서 소통과 이해가 주어진다.

　소통이 없는 삶을 살고 있는 현대인들에게 산티아고 순례길이 주는 선물이다.
　저마다의 치유를 찾아 걷고 또 걷는 800㎞가 주는 의미는 책임이고 약속이다.
　해내자고 스스로에게 내준 책임을 다하는 순간의 기쁨이 내 것인 양 와 닿았다.
　나는 다시 산티아고로 가는 길을 꿈꾼다.

길을 잃다

세상만사 길 찾기인데 나는 시도 때도 없이 길을 잃는다.
인간관계도 그렇고, 사는 요령 놓치기도 일쑤고.
미숙아처럼 서툰 일상이 버겁다.
얼마 전에는 내가 쓴 글을 내가 읽으면서 길을 잃었구나 짐작이 왔고, 아니나 다를까 '뜬금없다'는 핀잔이 전해졌다.
시작과 다른 내용이 튀어나와서 예상을 뒤집었다는 평이었다.
곰곰 생각해 보니 나만의 생각으로는 굳이 남의 전후사정을 알 필요가 없는데 왜 꼭 그렇게 종결을 지어야 하는지 보편적인 흐름을 따르지 않았다는 지적이 뜬금없다 여겨진다.

아주 오래전에 처음 쓴 글을 읽은 문화교실 동료(잘 알지도 못하는 시점이었다)가 "수필로는 제목이 아니다." "남편 흉 같아 좀 그러네." 하며 요즘 표현으로 돌직구를 날렸다.

그이의 억양이 다소 거친 편이라 내가 반감으로 받아들인 점도 있지만, 지도교수가 잘 된 글이라고 나가시던 강좌마다 시범으로 들고 다닌 터라 은근히 뿌듯했던 기분에 찬물을 끼얹은 모양새가 되었다.

한동안 기분 나빠서 그 사람하고는 말을 섞지 않았다.

지금은 누구였는지 얼굴도 잊었지만 본인은 기억을 못할 뿐더러 그 당시에도 내가 기분이 나빴다는 것을 인지하지 못했을 것이다.

차라리 그때 "그런 뜻이 아닌데 잘못 이해했나 보다."고 설명을 했더라면 나 혼자 씩씩거리면서 그이를 멀리하지 않았을 테니 인간관계에서 손해를 본 사람은 내가 된 것이다.

노인으로 접어드는 시점에서 가끔 뒤를 돌아다보면 어리

석고 미련해서 한숨 나오는 일들이 수도 없이 늘어져 있다.

 목표를 따라가는 길에 잘못 들어섰어도 깨닫지 못하고 우직하게 직진을 하다 되돌아서기도 했고, '이게 아닌데.' 느낌이 오는데도 우유부단해서 질질 끌려 다니다 받지 않아도 되는 상처를 자초했던 일도 허다하다.

 글을 쓰는 일도 사람 사는 모양새와 같아 오지랖 넓은 참견이 따르고, 도를 넘은 간섭이 머리 꼭대기에 올라앉기도 한다.

 나는 가끔 비평과 비난이 헷갈릴 때가 있다.

 '남존여비'에 길들여진 인사들은 남정네들 횡포에 분개했다고 '남자'를 폄하한 글이라며 거품을 물기도 하고, 시골살이 맞지 않을 것 같아 싫다는 글에는 '얼마나 좋은지 당신이 몰라서 그런다.'고 답이 온다.

 나는 꼭두새벽부터 밭에 나가 엎드리는 일 생각만 해도

피곤하다는데, 그 일이 얼마나 상큼한 기분을 맛보게 해주는지 모르니 답답하다고 우정 메일을 보낸다. 누군지도 모르는데 보내진 책에서 읽힌 글이 비위를 건드렸나 보다.

 좋은 사람은 시골 살이 행복하게 살면 되고, 싫은 사람은 그냥 도시에서 미세먼지 마시고 공해에 시달리며 살면 되는데, 자신의 생각을 강요하고 주장하며 게다가 막무가내로 들이대는지 알다가도 모르겠다.

 비평보다는 비난에 마음 상한 일이 더 많아 요즘은 글쓰기에 회의가 든다. 권태기라는 길로 들어섰는지 그저 심드렁하고 막연하다.

 길을 잃고 헤매는 일은 그만두어야 하는 나이다.

 누군가에게 등불이 되어주어야 하고, 시행착오를 일러주어야 한다.

 돌직구를 즐기는 당신들이 부럽다.

희한하네?

근래에 드물게 희한한 영화를 보았다.

영화제목이 지방도시 지명과 같아 주민들이 노심초사했다는 후문도 있어서 더 유명세를 타고 기사화 됐었다.

곡성(哭聲)이 끊이지 않는 마을. 괴기한 죽음이 줄을 잇는다. 끔찍한 주검들이 줄줄이 화면을 가득 채워서 도대체 이 영화의 정체가 뭘까? 생각을 했다.

박스오피스 예매율에서 상위를 달리는 영화라고 사람들의 호기심을 자극한 면도 없지 않아 점심시간을 막 넘긴 시간대의 영화는 관객들이 제법이었다.

영화는 흐르는데 막말로 "먼 지랄이고?" 소리가 절로 나온다. 밑도 끝도 없는 살인의 이어짐. 병명도 없는 피부병과 후유증이라고 각색된 광기에 의한 살인.

그것도 가족을 떼죽음으로 몰아넣어 한 마을을 쑥대밭으

로 만드는 영화의 의도가 무언지는 지금도 모르겠다.

무능한 경찰은 해결사가 못되고, 무당을 불러온다.

남의 집 불구경하던 경찰은 제 자식이 광기를 보이자 기겁을 하고 용하다는 무당에게 해결을 맡긴다.

그가 나타난 이후로 마을에 이상한 일이 일어났다는 뜬소문을 믿고 찾아가 막무가내로 횡포를 부리는 경찰을 덤덤히 바라보는 정체불명의 산속 노인. 일본인은 끝까지 명확한 실체가 없다.

괴상망측한 표정과, 도사 같기도 묘한 분위기를 연막탄 터뜨리듯 수상한 존재로만 부각되어 그저 '악령일까?'로 추측되는 의문을 남긴 채 성경을 표방한 악으로 귀결되는 것 같다.

무당이 귀신이라고 지칭한 묘령의 여자도 실체는 없다.

미친년인지, 귀신인지, 아리송할 뿐이다.

  연기 잘하는 배우 황정민의 무당놀음이 볼 만하다. 광대의 끼가 있어야 배우가 될 수 있다는데 그 배우는 광대가 틀림없다.

  나는 이 영화에서 그 굿거리 말고는 볼 게 없었다. 줄거리는 난해하고, 이유도 없는 살인, 게다가 좀비까지….

  쓴웃음이 나오고 하품이 나왔다. 호러도 아니고 심령도 아니고… 영화필름이 외국에 잘 팔렸다는데, 그들은 아마도 이 굿거리에 흥미를 갖고 재미있어할지도 모르겠다. 피범벅을 잔상으로 남기고 영화는 끝났다. 언제부터인가 한국영화에서 빠지지 않는 '씨'이 춤을 추고(쌍년아, 씨발이 대사의 主를 이룬다) 시원한 결말이 없어 요즘 유행하는 '고구마(답답함을 일컬음)'가 되었다.

  쬐그만 계집아이 – 아역배우의 신들린 연기. 그런데 끔찍

했다. 피범벅의 한가운데에서 '씨'을 주로 하는 대사와 제 어미, 아비의 성관계를 지켜본다는 설정. 요즘 세태의 근본 없음이 여실히 보여졌다.

끝내 악귀로 변한 딸이 저지른 살인현장에서 "괜찮아, 아빠가 다 해결할 게." 중얼대며 죽어가는 주인공의 모습을 보며 애틋한 부정이라고 굳이 우기는 어느 영화 평론가의 뇌구조가 궁금하다. 이도 상부상조이겠지.

겨우 건진 화두 하나는 '의심병'이다. 마음에 가득 찬 의심으로 누구도 믿지 못하고 살빙실팡하던 주인공.

부제(가톨릭 사제의 아래 성직자)가 만난 악령인지 도사인지 알 수 없는 일본귀신이 말한다.

"보고도 믿지 않느냐? 나를 만져보아라. 뼈가 있고 살이 있다."

악령에게 눌려 두려움으로 떨던 부제의 표정이 뭇 인간들이 떨쳐내지 못하는 의심의 표징이 아닐까.

인간 말종들

세상이 미쳐가는지, 별 황당한 사건들이 꼬리를 물고 있다.
경악스러운 여교사 성폭행 사건 - 정말 인간 말종들이다.
그 동네 사람들 인터뷰 내용도 참! 어이없다.
술을 먹다 보면 그럴 수도 있단다.
평소에 한 처신으로 보아 그럴 사람들이 아니란다.
저희 집 피붙이가 당했다면 거품을 물고 날뛰겠지.
제 자식들 가르치러 온 남의 집 귀한 자식을 지나가는 개 취급한 거지같은 종자들.
천벌 받기를 진심으로 바라고 또 바란다.
저리도 추악한 DNA를 갖고 사는 많은 짐승들이 활개 치는 세상.
길을 다니다 무슨 봉변을 당할지 알 수 없으니 집안에서 맴맴 노래나 불러야 할까.

기분 나쁘다고 생면부지의 사람들을 때리고 찌르고….
종말론자들이 좋아하는 마지막으로 치닫는 시점일까?

살기에 각박해도 최소한의 도덕은 지키던 과거였는데, 도둑도 주인이 기침소리를 내면 순순히 도망갔다고 한다.
'잘 살아보세'만 너무 열심히 외쳐온 세월이라 후유증이 깊은 수렁에 빠져 있다.

어디쯤 가고 있는 걸까.
'소돔'에 내렸다는 불과 유황의 비가 그들의 머리 위에 쏟아지기를 바란다.

거짓말이야

아주 오래전에 요란한 몸짓으로 "거짓말이야, 거짓말이야…"하면서 인기를 끌던 가수가 있었다.

나는 그 가수가 천박해서 싫었다. 가수가 노래만 잘하면 되지 생긴 거, 입는 거 가지고 따지는 게 웃기는 일이긴 하다.

하지만 술집 여자 같다는 느낌도 싫었고, 노출이 심한 성향도 싫었다. 노래도 요란하고 스캔들도 요란하고, 요란스럽던 그 가수도 세월은 이기지 못해 조용히 사라졌다. 최근에 다시 리사이틀을 한답시고 요란스럽게 잠시 나타났지만 노래를 너무 못한다고 지청구를 듣더니 다시 조용히 사라졌다. 누군가는 그 실망스런 노래를 듣고 '조용필'이 왜 대단한지를 알 수 있었다고도 했다. 늘 부단한 노력을 해온 사람의 진가를 알리는 계기가 된 사건이었다.

최근에 '해어화'라는 영화를 볼 기회가 있었다. 영화평도

별로였고, 스토리도 진부해서 흥미가 없었는데 마침 친구와 점심을 먹고 영화를 보려니 시간상 이 영화밖에 볼 게 없었다. 그저 그런 남녀의 엇갈리는 사랑타령이 일본식민지 시절의 경성을 무대로 펼쳐졌다.

  나는 그 영화의 주인공들 중에 여자 주인공을 맡은 '한xx'만 알고 있었다. 같이 연기하는 또 한 명의 여배우가 요즘 인기 상승 중이라는 것도 뒤에 아들에게서 듣고 알았다. 넙데데하게 생긴 게 기생 배역하고는 어울리지 않아 집중이 되지 않더라는 말에 아들이 "엄마 요즘 제일 잘 나가는 배우야." 하기에 "그래? 노래는 잘해서 뮤지컬 배우인 줄 알았다."

  그러고 보니 두 배우가 노래를 참 잘했다. 한xx도 애절하게 자신의 몫을 소화해냈고, 천xx는 친구의 연인을 빼앗을 만큼 절절하게 노래를 불렀다. 영화 속에서의 두 사람은 자기 몫에 충실했다. 나는 '기생 역을 맡길 거라면 좀 더 호리

낭창한 요염한 여인네를 쓸 일이지.' 지청구를 했다. 친구도 그러네 하면서 킥킥 웃었다.

사람들은 주인공 한××의 동생이 군부대 가혹행위의 당사자라고 그녀를 질타했다. 심지어 그즈음에 출연한 영화가 보이콧을 당해 흥행에 참패를 했다고도 한다. 왜 연기자가 연기가 아닌 동생의 잘못을 책임져야 하는지 이상한 일인데, '해어화'에서 그녀는 연기로 억울했을 지난번의 아픔을 상쇄했다. 연기를 잘하는 배우로 자신을 증명한 그녀의 노래가 절절하게 들려온다.

사랑… 거짓말… 또박또박 국어책 읽듯이 배신의 슬픔을 토해내는 그녀의 눈빛이 그 영화를 살렸다.

요란하게 '거짓말이야~' 몸을 흔들던 여자와 눈물 그렁한 '사랑… 거짓말…' 하던 또 다른 여자.

세월이 거짓말인 걸.

사서 받은 상처

'사서 고생'이라고, 하지 않아도 될 일을 제 스스로 고생을 하는 경우를 빗대는 말이다. 살다보면 이런, 저런 일을 겪기 마련이니 사서 고생을 하는 일은 부지기수일 것이다. 다 지나가기 마련인 게 또한 사람 사는 일이니 더러는 사서 고생을 한들 무슨 대수일까 싶었다. 그런데 내 마음 같지 않은 게 세상일이라 생각지도 못한 곳에서 상처를 받는 일도 가끔은 생기나 보다.

수 년 전에 걷기운동이 한창 유행이라 혼자 걷기보다는 장소 선택 등에 도움을 받으려고 걷기 동아리에 가입을 했다. 때마침 신문에도 소개된 단체라 회원 수도 많아서 다양한 코스가 소개되고 여러 곳의 일정이 진행되어 걷기에 많은 도움이 되었다.

적극적이지는 않았지만 꽤 오래 참여를 했고, 그즈음에 가입하고 활동하는 사람들은 낯이 익어 편한 마음이 들었다. 잠시 쉬었지만 카페 근황은 늘 관심이 있었고 조만간 다시 시작해야지 마음을 다지고 있었다.

회원 수가 많으니 다양한 사람들의 모임이라 임원진들의 열의도 대단하고 엉뚱한 사람 꼬이지 않도록 단속도 철통방어라 한편으로는 운영을 잘 하는구나 신뢰가 갔다. 간혹 서슬이 퍼래 누군가를 다그치거나 힐난하는 글들이 올라와도 정화의 방편이겠지 여겼다. 어디에서나 이상하고 고약한 사람들은 있기 마련이니 단체에 흠이 될까 어지간히 단속을 하는 것이 아니겠는가.

단골 객들의 글을 읽다보면 필력이 느껴지는 사람들도 심심찮고, 주기적으로 글을 올리는 사람도 있어서 재미있다 싶었다.

그래서 내가 3집을 냈을 때 걷기에서도 만났던 임원에게 '혹시 책을 좋아하시는 분들이 있으면 책을 보내드리고 싶다.'고 구구절절 내용을 적어 메일을 보냈는데 '좋다, 싫다'도 없이 묵묵부답이었다. 해서 싫은가 보다 여겨 다시 연락을 하지 않았다. 이번 4집 때에는 내가 '구시렁구시렁'을 쓰게 한 모티브를 제공한 회원에게 '당신의 연재 글을 읽고 나도 이렇게 시도를 해서 책을 묶었으니 당신에게는 꼭 전하고 싶다.'고 카페 전용 쪽지를 보냈는데 에러가 났는지 발송이 안 되어서 할 수 없이 카페 게시판에 글을 올렸다. 나쁜 의도가 될 수도 없고 그런 의미는 전무한 내용이니 기꺼이 화답을 주겠지 믿었다.

글을 올리고 잠시 후에 들어가 보니 그 몇 분 사이에 글은 삭제되어 자취도 없었다.
 처음 느낌은 황당했다.
"내가 잘못한 걸까?"
 그이에게서 '주소는 알려줄 수가 없다. 그러니 책을 주고 싶으면 카페 행사 때에 들고 와 나누면 좋겠다. 양해를 바란다.'고 정중한 답이 왔다. 문인들이 여행지에서 만나는 초면에도 흔히 서로 주소를 묻고 가르쳐 주며 책을 주고받는 게 일상사여서 내가 간과를 했었나 보다. 나라는 존재에 대해 아무것도 모르는데 주소를 가르쳐 달라고 했으니 '이상한 여자'로 치부하고 경계를 하는 낌새가 역력했다.

 황당하고 당혹스러웠다.
 부지불식간에 뺨을 한 대 얻어맞은 기분이 들었다.

모멸스럽고 자존심이 상했다. 책을 주고 싶으면 행사 때에 들고 와라.
　자비를 들여 애지중지 묶어낸 내 분신이다. 그렇게 어디든 주지 못해 안달이 난 입장도 아닌데, 세상에 경우 없는 짓을 한 취급을 받으니 어이가 없다는 게 이런 거구나 싶다.
　답장을 받은 즉시 그 카페에서 탈퇴를 했으니 그들만의 세상에서 무어라고 쑥덕거렸는지는 모르겠다.
　하지만 적어도 상식을 주장하는 사람들이 그렇게 야박하게 세상을 대하는 모양새가 아쉽고, 사서 상처를 받은 내 모양새가 우습다.

고 독

　군중 속의 고독이라는 말이 있다.
　많은 사람과 생각들에 둘러싸여있지만 공감이 없는 소통의 부재가 나, 혹은 누군가를 외롭게 한다.
　여고생이던 시절 담임선생님이 학부모 면담에서 독특한 아이라는 표현을 하셨다.
　말썽도 부리지 않고 있는 듯 없는 듯 조용한 존재였는데 황당하다고 생각했다.

　언젠가 친구가 말하기를 너를 가끔 지켜보면 조잘조잘 잘도 떠들다가도 어느 순간 입을 다물면 냉정한 얼굴로 동떨어져 있는 것 같다고 했다. 생각해 보니 지금도 그런 편인 것 같다. 마음이 맞는 사람과는 신이 나서 수다 삼매경인데, 낯선 사람들과는 말을 섞지 않는, 아니 입을 떼지 못하는 낯가림이 중증이다. 오래전에도 어느 분이 두어 시간을 같이 앉아 있는데 말을 한마디도 건네지 않아 괘씸했단다. 나는 그런 말을 들으면 정말 그 사람이 더 이상했다. 왜 꼭 상대가 자신에게 말을 건네거나 먼저 인사를 해야 하는지 알다가도 모르겠다. 자신이 우위에 있다고 생각해서 그렇겠지만 초면의 사람에게 먼저 말을 걸거나 인사를 건네는 것도 본인의 인품이 아닐까.

 심지어 나는 기억도 하지 못하는 행사장에서 자신에게 인사를 않더라는 험담을 하는 경우도 겪었다.

 내가 낯설어 하는 근본적 이유는 자신감의 결여일 것이다. 명문대를 나왔다는 코걸이를 한 사람들의 유세로 인한 학벌 스트레스, 물질적 결핍에서 느껴지는 상대적 빈곤감 같은 것이 상대에 대한 방어의 벽을 쌓아 '덤비지 마!'라고 촉수를 곤두세우고 있는 것이다. 웃는 얼굴에 침을 못 뱉는다는 말도 거짓이다. 웃으면 사람들은 말랑한 호구로 간주한다.

 부탁을 거절하지 못하거나 싫은 내색 못해서 억지춘향의 춤을 추는 경우가 어디 한두 번이었나.

 어린 시절의 독특한 아이는 사춘기를 지나는 통과의례를 치른 거였다.

 친구들의 노는 양이 시시하고 유치해서 하품을 하는 교만한 표정이 독특했을까.

 가늘고 길게 살아온 세월이다. 특출 나지 않아서 심드렁하게 이어져 가는 세월이 그런가 보다 하면서 밥하는 여자로 살았다.

아마도 나는 계속 밥을 할 것이다. 집에서 밥을 먹고 살다가 죽는 게 행복이라는 지론을 갖고 있는 상대가 남편이니 피차 누군가 먼저 밥숟가락을 놓을 때까지 밥을 할 것이고 밥을 먹는 행위에 행복한 사람과의 늘그막이 행복하지 않아서 고독하다.

4.

햇살처럼

나는 그대,
나무에게 오래된 이야기를 들으며 꿈을 꾼다.
지나간 걸음들에게,
지나가는 걸음들에게 멈추어 서면 숨소리 들려주어
쉬고 싶었던 영혼 있었다고
물오름의 흐느낌을 듣게 해주면 좋겠다.

예정된 이별

　무술년이 오기 전 두 번의 이별을 했다. 애잔해서 마음이 아프지만 어쩔 수 없는 이별이니 가라앉는 심신을 추스르기만 하면 된다 싶었다.
　친정어머니는 3년여를 혼란스러운 기억들 속에서 혼자만의 세상을 사셨고, 마지막 3개월을 호흡기에 의지하셨다. 코에 끼워진 줄로 영양 액을 주입하고 소변 줄을 달았다. 24시간 간병인이 붙어있어도 욕창을 막을 수 없었다. 냄새를 견디고 당장 숨이 멎을 것 같은 상황들을 견뎌야 하는 시간들이 나에게는 지옥이었다. 지켜보고 있노라면 '이제 다 놓고 편히 가세요.' 생각이 절로 들었다. 의사는 영양 액의 양을 줄이라고 지시했다. 소화기관이 기능을 못하니 별 의미가 없는 처치이고 혹여 환자가 구토를 하게 되면 기도가 막힌다고 했다.

돌아가시는 순간을 지켜야 하는 긴 시간에 지쳐갈 때쯤 동생은 아들의 혼사를 치러야 해서 자리를 비웠고 나는 집에 가서 쉬다오라는 간병인의 말을 들었다.

담당 간호사가 이미 의식이 없으니 임종이나 다름없고 곧 돌아가실지도 모르니 집에 가서 잠을 자고 족욕이라도 해서 체력을 비축하라고 했다. 장례를 치르려면 그리하는 게 맞다고 했다. 그 말이 반가웠다. 정말 쉬고 싶었다. 잠을 자지 못해 머릿속은 멍했고 가만히 있어도 어깨에 통증이 왔다. 식사도 커피로 대신했다. 다 귀찮고 짜증이 나고 도대체 엄마는 왜 이리도 나를 힘들게 하나 원망이 앞섰다.

비몽사몽간에도 당신의 남동생을 찾는 엄마가 황당했다. 평생을 친정 남동생에 연연하더니 돌아가시는 순간까지 '외삼촌이 왔다 갔다.'고 '만나러 간다.'고 헛소리를 하니 자식보다 남편보다 먼저였던 외삼촌을 마지막 순간까지 못 놓으시나 싶어 허탈했다. 집에 가서 쉬라는 달콤한 말에 사양 않고 집으로 와서 죽은 듯이 잠을 잤다. 그리고 며칠 동안 병원으로 가지 않았다. 내가 먼저 먼 길을 가버릴 것 같았다.

  15년을 옆에 끼고 살았던 강아지를 얼마 전에 보낸 후라 가슴 속에서 서걱서걱 소리가 들렸다. 강아지가 몰아쉬던 숨소리가 엄마의 숨소리에 겹쳐지는 게 고역이었다. 강아지와 엄마. 개와 사람의 죽음을 비교하는 게 말이 되는가. 그런데 나는 강아지가 자꾸 생각이 나고 애달파서 몇날 며칠이 고통스러웠다. 그 아이는 15년 동안 내게 위로였고 즐거움이었다. 단 한 번도 나를 슬프게 하지 않았다. 가는 순간에도 나를 바라보던 눈빛이 애잔해서 유골조차 차마 길에 뿌리지 못해 화분에 앉혀 집에 두었다.

아들이 만들어다준 전자 액자에는 살아있는 듯 생생한 모습으로 나를 쳐다보고 있다. 들며나며 '우리 강아지 잘 놀았어?' 하는 건 집착일까?

그런데 엄마는 자식을 보지 않고 이미 먼저 간 동생을 만나고 있다. 5살에 생모를 잃었다고 치마폭에 감싸 안고 평생을 뒷바라지한 누이. 나는 그 정이 징그럽다.

친척 오빠들이 병문안을 왔는데 그 누구도 알아보지 못하면서 'ㄷㅎ'를 찾는 집요한 애착. 동생이 조마조마 가슴을 졸이며 겨우 혼사를 치르고 나자 엄마가 길을 떠나셨다. 주무시는 줄 알았다고 할만치 평온하게 숨을 놓으셨다.

장례를 치르는 동안 강 같은 평화가 내게 찾아들었다.

힘들고 지쳤던 3년여의 시간들.

애증과 연민과 원망으로 한순간도 편치 못했다. 데려올

수 있으면 그 잘난 동생 데려다 보여주고 싶었다. 칠순이 넘어서도 누님을 의지했던 사람.
 저세상에서는 누님을 보살피고 위해 주었으면 좋겠다.

 평생을 자신이 여왕인 양 착각을 했던 엄마는 마지막 길도 참 좋은 시설을 이용하셨다. 그리고 마석 모란공원에 집을 마련하셨다.
 내가 살아있는 동안 그곳에 몇 번이나 가게 될까?
 여전히 알아보지 못하고 누구신가? 하시려나.

 94년의 한평생이 나흘 만에 정리되었다.
 살아있음도 떠남도 다 과정이니 내게도 '이 또한 지나갈 일' 아닌가.

슬프고 불행한 생명들

티베트와 국경을 마주한 히말라야 산맥 어디쯤에 '좁교'라는 짐승이 있다. 인간들이 야크와 물소의 장점을 취하려고 둘을 교배시켜 만들어낸 이기심의 부산물이다. 은둔의 땅이라고 불릴 만큼 고산지대인 '무스탕' 주민들에게 없어서는 안 될 소중한 재산이고 친구란다.

겨우 10여 년이 수명인 좁교는 평생을 죽어라 일만하다 생을 마감한다. 이종교배(異種交配)이기에 번식은 할 수 없어 오직 인간을 위해서 무거운 짐을 나르다 죽어야 한다. 오죽하면 어느 여행가는 짐을 지고 묵묵히 걷는 좁교가 가여워 히말라야에 존재하는 모든 동물 중에 가장 불쌍하고 불행한 생명이라고 했다.

'나쁜 짓을 하다 죽은 인간들의 환생이 아닐까.'라고도 했다. 그나마 그곳 사람들에게 없어서는 안 될 생계형 도구이기에 조금이나마 측은히 여기고 귀히 여길 수도 있으니 좁은 산길을 헉헉 거리며 오르내리는 그 작은 몸뚱이에 짐이라도 덜 싣기를 바라고 싶다. 추위에 강하고 온순한 성질까지 갖춘 이 가엾은 생명을 그나마 정부에서 너무 많은 짐을 지우지 못하게 통제를 한다고 하니 최소한의 양심은 있어 다행이다.

세상에 불쌍하고 가여운 생명이 그곳에만 있을까. 우연히 '다니엘 헤니'라는 배우가 기르는 반려견의 얘기를 접하고 그 배우의 팬이 되었다. 훤칠하게 잘생긴 그 배우가 미국에서 유명한 드라마에 출연을 하고 한국에서도 활동을 하기는 하지만 관심이 없었다. 그저 잘생긴 배우구나 했는데 예능 프로에 '나이 들어 건강이 쇠한 반려견 망고'를 지극히 돌보는 모습이 인간적이라 호감이 갔다. 망고는 한국에서 우연히 접한 개 농장에서 구출한 개였고, 망고의 동생으로 새로 들인 반려견 로스코도 도살되기 직전의 강아지였다.

원래 주인의 급한 사정으로 지인에게 맡겨진 두 마리의 개를 위탁비가 적었는지 개장사에게 팔아 넘겨 언제 죽을지 모르는 도살장에 끌려와 있었는데, 한 마리는 열악한 환경에 견디지를 못해 죽어버리고 겨우 숨이 붙어 있던 로스코가 운 좋게 구출되어 다니엘 헤니에게 입양되는 행운을 만난 것이다. 화면에서 본 로스코는 행복해 보였다. 누구에게는 그따위 개이고 죽거나 말거나의 생명이지만 동물을 사랑하는 사람들에게는 눈물이고 아픔이다.

나도 얼마 전에 15년을 같이한 개를 잃고 한동안 마음이 아팠다. 아이생각에 눈물이 나서 질금거리면 누군가는 '그깟 개가 죽었는데…'라며 비웃음을 던졌다. 기르던 개를 몸보신으로 잡아먹던 과거 식문화에 길들여진 반응이다. 요즘 같이 몸에 좋은 게 너무 많아 주체를 못하는 세상에서 굳이 인간과 가장 친숙한 개를 잡아먹는지 이해불가다.

'세상에서 가장 불쌍한'이라고 표현된 좁교라는 생소한 동물이 히말라야 설산 고지대에서 묵묵히 살아가고 있고, 또 다른 많은 불쌍한 생명들이 도와달라는 외침을 보낸다. 지옥이 존재한다고 믿어지는 참상들에 누군가는 눈물을 보이고 누군가는 외면을 한다. 내가 누리는 편리와 관계없으면 모르쇠로 무관심했던 시간들. 새삼 이름도 생소한 한 동물의 삶 앞에서 양심을 가늠해 본다.

지금도 TV뉴스에서는 듣는 귀와 보는 눈을 의심하게 하는 잔혹한 학대의 현장을 보게 된다. 길고양이 울음이 듣기 싫다고 쥐약을 놓았다는 사람들. 떠돌이 개에게 불을 놓아

등이 반쯤은 타버린 처참한 몰골. 심지어 고양이 새끼들의 목을 잘라 사체를 던져 놓은 골목 길 풍경. 얼마 전에는 개의 주둥이를 끈으로 묶어 피부가 괴사되어 먹지도 못하고 말라죽어가는 장면을 보기도 했다.

인간이라는 게 어디까지 잔혹하고 악랄할 수 있나 시험해 보는 것 같았다.

재수 없게 그런 인간에게 걸려 학대받고 고통을 겪는 말 못하는 짐승들에게 사람인 게 미안하다는 앳된 여학생의 목소리가 떨렸다.

정말 미안하다.

세상 어딘가에서 가장 불쌍한 목숨들에게 한 점 햇살이 닿기를 기도한다.

"주님, 저들은 저들이 하는 일을 알지 못합니다."

너른 들을 꿈꾸다

어느 해던가.

서울에서 출발한 문학기행 버스는 소슬한 가을바람을 만 끽하며 달려, 평사리 넓은 들판이 펼쳐진 마을 어귀에 일행을 부려놓았다. 꼬불꼬불 돌고 도는 길을 따라 춤을 추며 달리던 버스에서 나는 이미 파김치가 되어 한 걸음 떼기조차 힘에 부쳤다. 멀미에 시달려 몸뚱이도 남의 것인 양 거추장스러웠다.

인심 후한 하동문인들의 정성으로 맛깔스런 비빔밥 점심이 준비되어 있었지만 메슥거리는 속사정으로 홀로 먼 들을 바라보며 내가 왜 여기를 따라왔을까 후회를 했다.

하동문학제가 워낙 유명하고 토지의 무대를 보고 싶어서 선뜻 길을 나섰고, 가을바람에 몸을 맡기고 가는 길 내내 유유자적 토지를 음미하리라 꿈도 야무졌는데 출발과 동시에 내 꿈은 깨어졌다. 수 시간 동안 몇 사람의 흥으로 노래방 기계가 쉬지를 않고 뽕짝을 울려댔다. 동네 노래방에서 다 못 푼 여한이 있는지 마이크를 놓지 않는 두어 사람의 흥은 문학기행 이름이 무색했다.

이건 아닌데… 아무도 말리지도, 불만을 얘기하지도 않아 버스에 갇혀 고막은 고문에 시달렸다. 웅웅거리는 기계음이 전해져 뒷자리에 앉은 나는 사면초가였다. 속도 울렁거리고 머리도 아프고, 그야말로 미치기 일보직전인데 마이크를 잡고 쉬지 않고 조잘대는 어느 남정네는 목소리도 역겨웠다.

인내심이 한계에 다다를 때 드디어 버스 문이 열렸다.

마음 같아서는 날개라도 생겨 서울로 날아가고 싶었다. 흙을 밟으니 정신이 들고 땅에서 오는 지기에 몸이 추슬러졌다. 멍하니 트인 들판을 바라보니 허기도 사라지고 무례

한 홍 부자를 향했던 노여움도 잦아들었다. 그래 멀미를 하는 내가 잘못이지. 여행길에 신바람이 나서 노래 좀 메들리로 불러댔기로 서니 뭐 그리 잘못인가?

일행들은 비빔밥이 맛있다고 먹지 못한 나를 안타까워했다. 아쉽지만 속사정이 자격미달이니 굶는 게 상책이고 이제 평사리의 다디단 바람으로 빈속을 채우리라 걸음을 떼다 달은 최참판댁 기와집 앞에서 심호흡을 했다.

서슬 퍼런 양반 댁에서 일어났던 사실보다 더 사실 같았던 그 많은 이야기들. 어린 서희 아씨의 앙다문 입술과 불끈 쥐었던 작은 손이 눈앞에 그려졌다.

육간대청이란 게 이런 거구나 구경도 하고 이 방 저 방에서 주인공들이 앉거나 선 모습과 오갔을 대화들을 엿들어 보려한다. 궁궐 같은 집에서 살았음에도 행복하지 못하고 인간이기에 겪었을 고초를 박경리 선생님은 어찌 그리 그림같이 표현하셨을까.

문득 최근에 들었던 고약한 이야기. 사위인 지하 선생이 정치사건에 휘말려 옥고를 치를 때 "어린 손자를 업고 교도소 앞에서 1인 시위를 하라고 했는데 과부 년이 말을 안 듣더라고…" 하며 킬킬거렸다던 어느 인간(고매한 시인인 줄 알았던)의 후일담에 욕지기가 치밀고, 홀로되신 역경을 여자라고 함부로 입을 놀린 그런 것들에 비해 이 얼마나 대단하신가. 대한민국 역사에 남는 작품을 남기신 그분의 면모가 평사리에 쩌렁하다. 이전에도 이후에도 없을 「토지」를 남기신 선생이 상상으로 표현하셨다는 하동 땅 평사리.

서울에서 쉽지 않은 걸음이 아쉽다.

벼르고 별러야 들를 수 있으니 이도 선생님의 자취일까.

읽고 또 읽어낸 후 이곳에 들르라는 말씀일까 싶기도 한 평사리는 해 저물자 또 다른 들썩임으로 이곳저곳에서 등이 켜졌다. 주막에서 전 부치는 냄새가 고소하게 퍼지면서 엽전으로 손님을 대접하는 추임새가 저절로 흥이 난다.

  아이들 같이 나눠진 엽전이 즐거워 웃음꽃이 피던 중에 지원을 나왔을까? 젊은 군인들이 식사를 하는 모습에 군대 간 아들이 생각나 울컥했다. 내 몫의 엽전으로 부침개를 받아 푸짐하게 놓아주니 헤벌쭉 웃어 주어 다시 울컥했다.

  하동은 사랑이고 평사리는 추억이다.

  나는 지금 그 넓디넓은 들판에서 불어오던 바람 냄새가 그립다.

안녕하십니까

　오래전 아침 신문에 「그 댁 아내는 안녕하십니까?」라는 글이 실렸다. 글을 읽으면서 울컥 눈물이 났다. 말이 아내이고 며느리이지, 집안 일 도우미로 살아온 한 여자의 인생사가 딱하다고 해야 하나, 어지간하다고 해야 하나. 남편이라는 위인의 무신경과 시(媤) 자가 붙으면 벼슬인 줄 아는 시대착오적 관습에 새삼 화가 치밀었다.
　며느리 보는 일이 무슨 특권이라고 학벌 운운했던 그 집안은 남의 집 귀한 딸에게 어쩌고저쩌고 할 처지는 아니었다. 1년에 제사가 여덟 번인 종손 집안이라니 수고를 짐작하는 사람이라면 손사래치고 딸을 도로 데려갈 판이다. 주인공의 말처럼 시집을 와주신 아량에 감사해야 할 판인데 고졸이라고 흠을 잡았다니 뻔뻔하다 싶었다. 눈살 한 번 찌푸리지 않고 온갖 집안일을 해내는 만능 로봇이라고, 장가 잘 들었다고 헤벌쭉 입 벌리고 앉아 아내가 병들어 가는 줄도 모르던 사내.

그러고 보니 남의 일이 아니었다. 우리 세대가 겪었던 누구나의 현실이었다. 엊그제 명절 날 나는 39년 만에 내 집에서 오붓하게 아침식사를 하고, 성당을 다녀와 친정 동생네와 점심을 먹었다. 시어르신 두 분이 다 돌아가신 후에 얻은 달콤한 하루였다. 결혼을 한 해부터 명절은 고난의 행군이었다. 서울에서 부산까지 밀리는 차량 사이에서 하루해를 넘기며 본가에 도착하면 앉기는커녕 옷 갈아입는 시간도 아까운 서슬에 부엌으로 들어가 쉴 새 없이 음식을 만들고 청소를 하고 심지어 때맞춰 내놓은 담요도 빨았다. 기운 좋은 젊은 손을 기다렸노라는데 할 말이 있겠는가. 힘 좋은 남자들이 줄을 서 있어도(남자 형제가 넷이었다) 이 방 저 방에서 뒹굴뒹굴 구르며 텔레비전을 보거나 주전부리를 즐겼다. 젖먹이가 달려 몸이 천근인데 '애 핑계로 쉬는 구나' 우스갯소리인지 뼈있는 나무람인지 좌불안석이었다.

  어느 때는 3박 4일 동안 밥을 한 끼도 먹지 않고 커피만 마셨다. 아무도 밥을 먹었는지 굶었는지 묻지도 궁금해 하지도 않았다. 남자들 식사가 끝나면 부엌으로 상을 물려 놓고 그 자리에서 밥을 먹으라고 했다. 자존심이 상해 음식이 목으로 넘어가지 않았다. 대답 없이 설거지를 하고 있으면 '쟤는 배도 안 고픈가보다? 밥 먹는 걸 못 봤네?' 꿈에도 듣기 싫을 것 같았던 목소리가 들렸다.

  나도 신문에 실린 주인공의 아내처럼 시름시름 병이 들었다. 사람이 싫어서 방구석으로 숨어들고 웃지 않았다. 몸이 마르니 병색이 짙어져 이웃들이 혹시 폐병인가 의심을 하고 말 섞기를 께름칙해 했다. 나를 이 지옥에 몰아넣고 효자놀음에 빠진 남편이 가증스러웠다. 무식이 용기라고 나중에 남편이 그랬다. 그래야하는 줄 알았다고, 부모 앞에서 안사람을 위하는 짓은 꼴불견 불효라고 배웠다고 미안하다고 했다. 만신창이가 되어 우울증과 스트레스가 겹쳐 종양이 자라는 자궁을 떼어내는 수술을 할 때도 남편은 눈을 동그랗게 뜨고 "당신이 스트레스를 받을 일이 뭐가 있어?"라며 진성 모르겠다는 얼굴을 했다.

아, '남의 편'이라고 비하하는 이유를 절실히 느끼는 순간이었다. 지금도 그 표정이 잊히지 않는다. 그때 매운 맛을 보였어야 하는데, 나는 사표낼 테니 일 잘하는 맏며느리 새로 들여 끼리끼리 잘 살아봐라 소리 한 번 냅다 지를 걸.

용케 도망 보따리 싸지 않고 그럭저럭 살아온 세월 - 나는 지금 안녕하시다.

기미 까맣게 앉은 얼굴로 비척거리던 걸음은 지축이 울릴 만큼 몸무게가 실리고 홧김에 레이저 총, 원도 없이 맞고 온 얼굴은 궁상의 표상인 기미가 간 곳이 없다. 기제사 제외한 명절은 성당에서 합동차례를 올리니 살맛나는 세상이 되었다. 더구나 두 아들이 쥐어주는 용돈도 꽤나 두둑하다.

흐뭇해서 혼자 웃다 깨닫는다. 쟤네들도 장가간다!

내가 죽었다

내가 죽었다.

돌아서 보니 부엌 싱크대 앞에서 '칙칙' 소리도 요란한 압력 밥솥을 그리운 님 바라보듯 들여다보며 서 있다. 뜨끈한 새 밥을 입에 떠 넣으며 흐뭇해 할 '남의 편'에게 마지막 봉사를 한 모양이다.

"내 진작 이럴 줄 알았어."

쓴웃음 흘리며 걸어가노라니 앞에 가는 이의 뒤통수가 낯이 익었다. 시집보낸 딸집에 들락거리느라 제 몸 아픈 것은 뒷전이었던 내 친구다. 딸 있는 사람은 딸집에 가다 길에서 죽는다더니 친구도 밤새 만든 밑반찬 바치러 가다 길에서 벗어났단다.

"만나서 다행이다."

둘이 키득거렸다. 입방정 떨던 말들이 다 맞았다.

'밥에 목숨 건 남의 편하고 살다가 밥하다 죽을 거야.' 했던 나나 '딸년 파출부 노릇하다 길에서 죽을 거야.' 했던 친구나 우리 짐작이 맞았다.

생각해 보니 억울하고 분했다.

내 저놈의 밥통을 베란다에서 던져버리고 올 걸.

모락모락 김 오르는 새 밥이 끔찍한 내 심정을 알기나 하냐고 묻기라도 해 볼 걸.

입 뻥긋도 못해 보고 뒤돌아서려니 약이 올랐다.

다리를 절룩이는 친구도 가관이다.

역시나 "왜 맨날 아프다고 해?" 하던 딸에게 서운해 할 사이도 없이 종종 거리다 길을 떴으니 아이들은 당장 어떻게 하려나 걱정으로 창백한 얼굴에 눈물이 뚝뚝 흐른다.

그래도 다행이다.

밥을 할 기운도, 딸에게 주려고 밤을 새워 찬을 장만할 기력이 있었으니 남은 사람들에게 짐은 아니었다. 평생을 벌어다 주는 돈으로 살았으니 그도 다행이고, 시체 말로 눈칫밥 먹지 않고 그럭저럭 할 소리 하면서 살지 않았던가.

약 오를 일이 아니구나. 속이 썩어 문드러져 냄새 풀풀 나는 어미가 아니었고 관심을 구걸하는 애정결핍 환자도 아니었다.

살고 싶어 안달복달 건강식품에 목매다는 누추한 늙은이가 아니어서 다행이었다.

재 회

스치듯 지나갔던 길.
다시 돌아와 머물렀던 자리를 찾았다.

다시 온 그대 맞는가?
눈 크게 뜨는 푸른 숨결, 긴 가지 끝 인사들.
나누어 내려진 뿌리 끝에서 한 아름 둥치에 여장을 풀었다.

나는 그대, 나무에게 오래된 이야기를 들으며 꿈을 꾼다.
 지나간 걸음들에게, 지나가는 걸음들에게 멈추어 서면 숨소리 들려주어 쉬고 싶었던 영혼 있었다고 물오름의 흐느낌을 듣게 해주면 좋겠다.

손·손·손

거울을 보고 놀란다는 얘기는 그래도 미련이 남았을 때겠지.
거울을 보고 또 보아도 낯설지 않은 상하고 지친 얼굴.
이젠 아무 느낌도 없다.
원래 그렇게 지친 모습이었겠지. 심드렁하다.

옷 정리를 하다 문득 손에 눈길이 갔다.
반점이 가득한 늙어버린 손.
새삼 자세히 들여다보았나.
얼굴만 늙는 게 아니지….
처음 보는 사람에게 흔히 듣던 "피아노를 잘 칠 것 같아요." 했던 긴 손가락은 이제 마디가 굵어져 젊은 날 끼던 반지들이 들어가지도 않는다.
종이컵을 들고 커피를 마시던 내 손을 보고 그네는 그랬었다.

"와~ 손이 참 깨끗하다. 손가락이 길쭉한 게 커피를 마시는 폼이 난다!"

그래서 그날 그네에게 점심을 샀다. 칭찬은 행복하니까.

환절기가 되면 열 손가락 마디마다 가시가 인다.

험한 일 한 사람처럼 손가락 끝마다 마른 가시가 옷에 보풀을 만들고 스타킹을 줄이 가게 한다.

병원을 다녀도 며칠 뿐, 겨울 내내 손에 장갑을 끼고 집안일을 해야 한다.

마음마저 푸석한 느낌이다.

내 손의 비밀을 아는 동생은 곧잘 핸드크림을 사들고 온다.

"언니! 손을 보면 그 사람의 신분이 보인대. 손에 신경을 써…."

신경을 쓴들 세월이 감춰지나.

나는 내 손이 열 손가락 다 갖추고 관절염 그런 거 없이 사는데 지장 없게 도와주니 고맙기만 하다.

핏줄이 퍼렇게 드러나 내밀기 민망한 내 손이 부지런히 움직인다.

핸드크림 듬뿍 바르고 면장갑을 끼었다.

'오랜 세월 고스란히 내게 봉사해 준 손아…. 참말 고맙데이.'

아직은 내 남자에게

너를 논산에 두고 오는 날, 나 혼자 당하는 일인 듯이 대성통곡을 해서 네 친구들이 어쩔 줄 몰라 하던 일이 엊그제 같구나.

너는 무슨 인연으로 내 아들이 되어 내 가슴에 앉았니….

사랑하는 우리 막내.
이제 집으로 오는구나.
생각만 해도 행복해진다.
벌써 매일 엘리베이터 소리에 귀 기울이고, 창밖을 보며 골목길을 살핀다.

멀리서 네가 경중경중 걸어올라 올 것만 같아 빨래를 널다가도 베란다 아래를 내려다보지.

너를 보면 오줌까지 질금거리며 반기던 몽실이를 안고 이렇게 말하지.

"몽실아, 오빠(무슨 개 족보냐고 싫어했지^0^)가 온단다. 이제 열 밤 자고 또 열 밤 자면 온단다.

좋아하던 옷들 먼지 털어 다시 걸고 이부자리 손질해서 보송한 솜 만져보고 또 만져보고.

우리, 오빠가 오는 날에는 제일 커다란 케이크 사다놓고 촛불을 100개씀 꽂자! 환하게 불 밝혀 오빠가 건강하게 집으로 오는 기쁨을 같이 나누자꾸나…"

알아듣거나 말거나 몽실이를 붙잡고 눈을 맞추니 고개를 갸우뚱 한다.

오자마자 복학을 해야 하니 마음이 무겁다고 쓴 편지를

읽으며 가슴이 아팠다.

　세상 살기를 시작해야하는 너의 청춘, 제대로 펴보지도 못하고 청춘을 볼모잡히고 다시 고단한 삶의 출발점에 서다니….

　산다는 건 다 시작이란다.

　아들, 사랑한다.

　힘들어 하지 말고 아직은 네게 힘이 되어주고픈 가족을 믿으렴. 열심히 공부해서 후회하지 말고 네가 걷고 싶은 길을 씩씩하게 걸어보렴. 다시 시작할 수 있는 시간은 아직 많다는 거 잊지 말렴.

　네가 하고 싶은 일들, 마음 주고 싶은 예쁜 낭자까지 다 사랑할게.

　휴가 오는 오늘, 몇 시간 후면 '엄마' 하고 들어 설 너를 위해 아주 매운 고추장 감자찌개를 끓여야지.

　언제나 가슴을 채워주는 내 아들! 사랑해, 또 사랑해.

햇살처럼

　난, 그냥 내가 햇살이라면 좋겠어.
　아픔 없이 부서져 나가고, 무게 없이 날아가고, 시나브로 잊히는 잠시의 따뜻함. 그런 것들로 남겨졌으면 좋겠어.
　의미 없이 없어진 기억들이 혼란스러워서 눈을 감을 때 살포시 남는 자국. 모두를 다 품어 안은 가벼운 햇살이었으면 좋겠어.
　보이지 않고 잡히지 않는 줄기, 줄기 사이에 잠시 비치는 가느다란 희망 같은 것.
　그게 다 햇살 같아. 나는 내가 햇살이었으면 좋겠어.
　햇살처럼 살다 가기를 바라.

치사한 고백

돈 앞에는 장사가 없다고 하네요.
설마 했지요.
사람이 살아가는데 돈은 큰 비중을 차지합니다.
돈이 자리를 만들어 주기 때문에 스스로를 비하하거나, 상대를 질시하거나 하는 비극이 생깁니다.
배운 사람도 못 배운 사람도 돈을 좋아하지요.
맹목적으로 사랑하고 소유하려 합니다.
나도 돈을 참 좋아합니다.
돈의 위력을 조금은 알기 때문입니다.
가끔은 눈 먼 돈이 내게 찾아와 하고 싶은 일들을 해결해 주었으면 싶기도 합니다. 제 노릇 못하고 애물단지 밉상인 친지 한 사람 구원해 주고 싶고요.
돈 때문에 떠나간 마누라도 돌아오게 해주고 다리 뻗고

누울 집 한 칸 마련해 주고 싶습니다. 그러면 내 위세는 하늘 높은 줄 모르겠지요.

어디를 가나 당당하게 목청을 높이겠지요. 그 목청이 재물의 힘일지라도 당장은 얼마나 통쾌할까요.

가당찮게 욕심 내보이며 눈을 희번덕거리던 몇 사람의 얼굴에 돈 다발 던져주면서 '그렇게 살지마!'라고도 하고 싶습니다.

생각해 보니 돈은 늘 그렇게 나를 지배하고 있었습니다.

부모덕에 호의호식할 때도 바탕은 돈의 힘이었고, 스무 살 청춘이 꽃잎 같아야 했던 시절에 겪었던 마음의 상처들, 그 바탕에도 돈의 그림자가 넘실거렸지요.

내 집에서 눈 맞추며 나누던 온갖 풍요는 지나간 허물이라서 남은 것 없는 현실에서는 비수도 꽃히고 소금도 뿌려

졌습니다.

  늘 돈은 군림하고 기세등등합니다.

  치사하지만 살아가려니 돈이 참 좋습니다.

  일가친척, 형제, 자매, 남매, 친구 모두에게 돈은 우정을 약속하고 신뢰를 다짐합니다.

  삶속에 돈은 큰 비중이 아니더라는 말, 다 위선입니다.

나라는 사람

이냥저냥 살아 온 세월일까.

어느 수필가의 회고록을 읽으면서 나라는 사람에 대해 생각이 많아진다.

사람에 대해 호불호가 분명한 일면이 있어, 누군가는 편애가 심하다거나 또 누군가에게서는 차갑기 그지없어 상대하기 싫은 사람으로 치부했다는 표현까지 들었다. 심하게는 생긴 대로 놀더라는 말까지 들었다. 다행인 것은 유난히 교만한 성정이 있는지라 그런 말들에 개의치 않을뿐더러 '솔직하게 말하는 데요' 하면서 상대에게 상처가 되리라는 것을 간과하는 무례를 나도 경멸하노라 콧방귀를 뀌는 것으로 스스로를 위로했다.

그런데 그분의 글을 읽으면서 슬펐다. 내가 잘못 살아왔구나 싶어 우울해졌다. 작가는 잘 살아온 삶을 반추하고, 지인들의 칭송을 한 몸에 받고 있었다. 삶이 즐거운 사람. 나와는 거리가 먼 그림 같아 반쯤의 부피에서 책장을 덮었다.

아주 오래전에 사람홍역을 앓았다. 좋아하노라 정성들이고 눈 맞추며 호호 하하 웃었는데 저마다의 손익을 따지면서 한순간에 모르쇠로 문을 닫는 인심에 놀라 오랫동안 사람을 피했다. 그이들은 있을 수 있는 일이었겠지만 어리바리한 내게는 청천벽력이었고 사랑의 배신 이상이었다. 더구나 수시로 전화를 하면서 갖은 친절을 보이던 사람의 표변은 실망을 넘어 깊은 상처를 남겼다. 그 후로는 그 사람과 비슷하게 생긴 사람도 싫었다. 쫀득쫀득 달라붙던 말솜씨에 놀아난 내가 한심스러워서 치욕스럽기까지 했다. 후유증이 길었다. 웃는 얼굴 뒤에 감춰진 저의를 들춰보느라 내 마음에는 족쇄가 채워져 버렸다.

"이 또한 지나가리라."는 내게 위로며 좌우명이다. 감내하기 힘든 일과 맞닥뜨릴 때 몇 번이고 되뇌고 다독이며 시간의 강을 건넌다. 지나가면 다 그뿐이고 별것 아니라는 것을 이순이 지나고야 체득한 걸까.

"행복해요."

노래를 하는 그분의 작품 속에서 나는 나의 허물을 찾는다. 가까이에 있다고 생각했던 사람들의 울타리 밖에 서 있는 나를 발견하면서 실소를 짓고, 모자라고 불편한 내가 가엾어졌다. 분명 조상 탓인데 내가 남들에게 민폐가 되는 멀미라는 단점과 편식이 심해 가리는 게 많은 까탈 많은 식성.

얼마 전에도 모임 자리에서 남편의 친구들은 내가 가리는 게 많아 음식점을 정하기가 힘들었다고 추억담을 전했다. 나는 한 번도 내가 먹지 못하니 그 음식점은 가지 않겠다고 해 본 일이 없었다. 조용히 입 다물고 따라가 맨밥을 먹을지언정 불평을 한 일이 없는데 주위에서 "저이는 이것도 저것도 못 먹는답니다." 하면서 딴에는 배려를 해줘 놓고는 결국 불편한 사람으로 치부하는 모양새다.

그 하찮은 이유로 남들과의 회식자리에 주눅이 들고 여행이라도 갈라치면 지병이 된 멀미로 눈치가 보여 동행에 주저하게 된다. 음주가무에 담을 쌓은 형편이라 분위기 깨기 십상이니 사사로운 노래방 출입도 주저하여 나 홀로 걸음을 돌린다. 사람들과의 교류에서 필요불가결한 작은 조건들조차 맞추지 못하는 사람이니 누군들 편하다 불러주겠는가.

서글프다. 줄에서 벗어나 혼자 서 있는 느낌.

할 수 없지 뭐.

생긴 대로 살기로 하자. 이제처럼 내가 해야 할 것에 최선을 다할 것이고 좋아하는, 혹은 좋아해 주는 사람을 배신하지 않을 것이고 나잇값을 할 것이며 밀어내는 자리에 연연하지 않아 미미한 품위나마 지키고 자존심은 오기로 지키면서 속셈 빠른 비열함에 고개를 돌리기로 한다.

어느 날, 누군가 나를 "조금 모나기는 했지만 그런 대로 괜찮은 사람이었어."라고 기억하고 말해 준다면 위로가 되지 않을까.

누군가의 회고록이 내게는 그렁그렁한 눈물이 되었다.

집시들의 바다

바다 위를 떠도는 집시들이 있다.

'집시'는 나쁜 사람들이라는 선입견을 갖고 있는 나에게 바다 위의 집시는 생소했다. 실제로 본 일도 없으면서 항간에 전해지는 집시들의 도둑질, 매춘, 구걸 등 온갖 잡스러운 이미지들로 천대받는 떠돌이들은 없어져도 그만인 중요하지 않은 어느 개체일 뿐이었는데 새삼 텔레비전에서 눈부시게 아름다운 바다에서 그들만의 삶을 영위하는 '모켄족'을 만났다. 그저 바다에서 태어나 바다에서 모든 것을 얻으며 삶을 지탱하고 이어가는 사람들. '모켄'은 '잠수하는 사람'이라는 의미라고 한다. 바다를 떠도는 사람들이라 그들에게는 국경도 국적도 의미가 없다.

배가 고프면 바다로 나아가 물안경만을 쓰고 대나무 작살로 필요한 만큼의 고기를 잡는다. 그물로 바다 밑까지 훑는

탐욕은 부리지 않는다. 그들은 2004년 12월에 '쓰나미'의 피해로 모든 터전을 잃었다. 조상들의 "잔잔한 파도가 물러가면 큰 파도가 덮쳐 온다."는 지혜로 목숨은 구했지만 문명세계라 이름 하는 이웃들은 그들을 난민으로 만들어 정착촌에 거주하라고 한다. 그들이 살던 '코라오 섬'으로는 다시는 돌아갈 수 없다. 태국정부는 그곳을 환경보존을 위해 국립공원으로 지정한단다.

바다를 보지 못해 숨이 막히는 삶. 노인들은 바다가 그리워 병이 들고 문명이 주는 혜택이 고통스럽다.

여인이 말했다.

"전기밥솥은 사용할 줄도 몰라요. 밥이 잘 되고 있는지도 알 수가 없고, 밥은 숯불로 해야 맛이 있지요."

정착 선물로 주어진 전기밥솥과 냉장고는 무용지물이다.

"전기가 들어오면 뭐하나요? 우리는 요금을 낼 돈도 없는걸요."

"육지는 마시는 물도 뜨겁기만 해요."

샘에서 솟는 차가운 물을 그리워하는 그이들의 눈빛이 슬펐다.

정착촌의 정문에는 '천사들의 마을'이라는 문구가 세워져 있고, 울타리에는 바다가 그려져 있다. 그들이 물속을 헤엄쳐 낚아 올리던 커다란 고기가 그려져 있어 바다가 그리운 날에 노인들은 그 그림 앞에 하염없이 앉아 잃어버린 터전을 그리워한다.

그이들은 욕심이 없다. 살던 대로 살고 싶고 바다에서 먹을 만큼의 고기만 잡으면 되는데 문명에서 온 권력자들은 그 삶을 버리라고 한다. 아이들은 문명을 배워야 한다고 학교로 보내지고 알록달록한 놀이터에서 그네를 탄다.

 겨우겨우 주워 모은 나뭇가지, 판자들을 싣고 섬으로 돌아가 집을 지으려하지만 하루아침에 부숴버리는 정부의 감시원들. '집을 짓지 말라.'는 경고판이 세워져 있는데 노인이 말했다.

 "우리는 글을 읽을 줄 모르니 저게 무슨 뜻인지도 모르는 걸요."

 왜 그이들이 조상대대로 살아온 터전을 빼앗겨야 하는 걸까. 문명이 자연을 파괴하고 환경을 더럽히는데 그이들이 보존해 온 바다에서 살지 말라고 하는 횡포.

 국경을 모르는 삶이기에 국민으로 인정하지 않으면서 바다에서 고기도 잡지 말라는 횡포는 온당한 것일까. 모켄족들의 젊은이들은 설 곳이 없다. 그래서 제발 국적을 달라고,

당신들이 지시하는 삶으로 갈아타겠다고 애걸을 해야 한다.
 극한으로 내몰린 그이들이 자신들이 믿는 정령 '로망'에게 간구한다.
 다만 '바다에서 살아왔던 그대로 살고 싶을 뿐'이라고.

'다름'을 인정하지 않는 문명의 추악한 이기심이 바다의 집시들을 바다에서 내몰고 있다는 사실이 가슴 아프다. 지구 한 귀퉁이, 8백 개의 섬이 흩어져 있다는 그곳(미얀마의 남부 메르구이 제도) 한편 내어준들 무어 그리 큰일일까.
 하긴 이 넓고 잔혹한 지구에서 자연을 문명으로 바꾸겠다는 횡포가 어찌 그곳뿐이겠는가.

무채색의 시간들

지랄 같다.

왜 꾸역꾸역 우리 아파트로 오냐고?

피붙이도 아닌 생면부지의 시신을 두 번이나 마주쳤다.

처음 한 번은 낯선 여자가 굳이 우리 아파트 고층에서 뛰어내리는 소동이 있었다. 외출에서 돌아오다 구경꾼들의 수군거림을 목격한 나는 구급차의 뒤꽁무니에 대고 화를 내거나 안타까움, 동정의 눈빛들을 보내는 이웃들의 반응을 강 건너 불구경으로 치부했다.

우울증이었다는 다른 동네 사람의 불행이 나와는 상관없는 일이어서 그저 며칠 내내 마뜩찮은 기분이었다. 그리고 4~5년이 흐른 어느 날 가스폭발 사고가 일어난 줄 알았다. 놀랄 만큼 큰소리에 현관문을 열었다.

정적이 흐르던 한낮의 아파트 입구가 구급차와 경찰차의

사이렌 소리로 소란스러웠다. 뭐지? 무심히 아래를 내려다본 순간 젊은 여자가 하늘을 향해 반듯이 누워있는 걸 보고 말았다. 현관 입구에 설치된 캐노피 위로 떨어져 천장이 박살나느라 그렇게 큰소리를 낸 것이었다. 허둥지둥 뛰어다니는 관리실 직원들과 경찰들, 소식을 듣고 왔다는 연고자의 애절한 소리가 고막을 파고들었다. 젊은 여자도 우울증이라고 했다. 담장을 이웃한 빌라에 살던 이라 신원이 이내 밝혀지고 그 부모가 달려와 어쩔 줄 몰라 했다.

  담당 경찰은 어쨌거나 아파트의 기물이 파손되었으니 유족에게 손해배상을 요구하겠다는 관리실 직원에게 개인정보 때문이라며 연락처를 알려주지 않았다. 벙어리 냉가슴 앓는 사정이 된 주민들은 화병이 날 지경이었는데, 장례를 치른 연고자가 찾아와 미안하다며 수리비를 갚고 갔다. 그 심정이 오죽할까. 받고도 석연치 않았다.

  그리고 시간이 흐르면서 아무 일 없던 것처럼 아파트는 다시 평온을 찾았다. 마침 외벽 도색을 다시 해서 외관이 말끔해졌고, 아무도 그 일을 입에 올리지 않았지만 현장을 본 나는 한동안 여자의 모습으로 심란하고 괴로웠다. 누구나 한 번쯤은 우울하고 그래서 외롭고 사는 일이 힘들다고 푸념을 하는 게 아닐까. 극단적인 선택을 하는 당사자는 빠져나올 수 없는 절망 속이어서 한순간 다 버리는 거겠지. 이해를 하면서도 왜 아무 연고도 없는 남의 꽃밭에 해코지를 하는가 괘씸하기도 했다. 그 현장을 목격한 몇몇 주민들의 충격은 보상받을 수 없는 날벼락 아닌가.

  시간은 망각의 강으로 흐른다던가. 잊을 만해진 즈음 다시 누군가 또 뛰어 내렸다. 이번에도 같은 자리였다. 캐노피는 박살이 나고 경찰이 먼저 달려와 흰 천을 씌웠다. 또 그 꼴을 지켜보고 말았다. 한술 더 떠 구급대원은 입구에 광목을 둘러 차단막을 해 놓았다.

을씨년스러운 현장 때문에 충격의 파장이 더 큰 것 같았다. 왜 빨리 치우지 않느냐는 주민들의 성화에 감식 등의 절차가 있다고 했다. 내가 나설 일도 아니지만 아파트의 대표를 맡고 있으니 모르쇠로 있을 수도 없다. 화가 치밀었다. 도대체 왜 이곳을 찾아오는지 당사자에게 묻고 싶었다. 이 지역에서 고도가 높은 곳에 지어진 건물이라 밖에서 보면 떨어지면 좋을 것(?)같은 유혹이 생기는 걸까. 이번에도 아파트와는 전혀 상관없는 근처 어느 학원의 강사라고 했다. 한창 나이에 가정도 있을 젊은 남자였다. 아이도 있을 텐데….

슬펐다. 사는 게 뭘까? 부자들의 주머니는 가득 채워져 있는데, 가난한 사람들의 빈약한 주머니는 생명을 나락으로 밀어 붙이는 도화선이 되었다. 그이는 남의 아파트에 찾아와 뛰어내릴 만큼 지치고 힘들어 마지막을 그렇게 던져버린 걸까.

한없이 몰인정한 인간의 본성은 남의 집에서 흉한 짓을 저지른 망자의 사정은 모르쇠로 우리가 받은 충격과 을씨년스러운 현장, 부서진 캐노피를 수리해야 한다는 억하심정에 화를 내며 성토를 하였다. 역시 형사는 개인정보 운운하며 연락처를 일러주지 않고, 유족이 편편치 않으니 보상을 받기 힘들 것이라고 포기하라는 의견을 전했다. 험한 일이니 장례를 치르는 곳으로 쫓아갈 수도 없고 날벼락을 감수하려니 억울한 심정이라 설왕설래하며 혹시 지난번처럼 유족이 찾아올지도 모른다고 기대를 했다. 시간이 지나도 유족은 그림자도 비치지 않았다.

그이들도 황망하고 참담하겠지. 불쌍한 사람들이니 동정으로 잊자고 다들 말문을 닫았다.

며칠 동안 잔상으로 괴로웠다. 한참이 지난 지금도 그쪽으로는 걸음을 않는다. 다 내려놓고 가는 길을 그렇듯 험하게 가야했던 누군가의 비참한 영혼 - 미안하다 여기지 말고 그저 편하기를 바란다. 삶은 이어지고 있으니 우리가 그이를 위로할밖에.

늙은 사람

거울을 보니 늙었구나! 느껴진다.
세월은 어쩔 수 없는 것.
지나가는 시간 속에서 허둥댄 일들이 주마등같다.
내 눈에 들어오는 모든 늙음이 나는 싫다.
추레하고 아집으로 뭉쳐진 눈빛들이 비쳐지기 때문이다.
당연한 노화의 현상들 앞에서 연민을 느껴야 하는데 고약한 심술줄기는 그를 거부한다. 찌푸리고 눈 흘기는 아주 고약한 모습이다.
지하철에서 목청껏 떠드는 남자들을 보면 집에 가서도 저러겠지? 식구들 알기를 우습게 알고 제멋대로 성질부리며 득의양양 제 잘난 맛에 사는 인간이겠지? 적의가 차오르고, 세월이 고스란히 앉은 주름진 얼굴에 벌겋게 바른 입술을 보면 경멸의 감정이 스멀거린다. 푸릇하고 싱그러운 젊은 아이들이 부럽다 한들 소용없는 현실이니 고운 노인이 되기를 소망하는데 그게 그리 어려운 건지 요즘에 와서 절실히 느끼고 있다. 양보가 쉽지 않고 배려는 손해인 것 같고 허물없이 건네지는 말들에 발끈 화가 치민다. 외모를 지적하는 말들에는 '너나 잘 하세요.' 입 밖으로 화를 드러낸다.

말 한마디에 천 냥 빚을 갚는다는데 갚기는커녕 빚을 쌓는 게 요즘의 인심인가 싶다. 쓸데없이 남의 사정을 시시콜콜 참견하고 알려고 드는 오지랖도 병인가 싶을 때도 있고, 눈치 또한 잊어버리는 게 늙음의 현상이니 스스로에게 화들짝 놀란 게 어디 한두 번일까.

오랜 시간을 함께했던 사람들에게서 받았던 껄끄러운 감정을 몇 날씩 고민하기도 하고 다 그런 거지 뭐 체념으로 쓴웃음을 웃는 게 차라리 마음 정리가 된다.

오고 가는 길 위에서 마주치는 동년배의 사람들을 유심히 살필 때가 있다. 나를 비춰보는 심정이다. 그리고 결론은 늙음이다. 어쩔 수 없는 세월의 훈장이 같이 하고 있는데, 특이한 점은 여인네들에게는 유난히 심술보가 보이는 것이다. 팔자주름, 입가주름에 더 해서 심술주름이 보태져 있다.

　시력이 나빠지니 안경을 쓰고도 흘겨보는 인상이고, 배짱이 두둑해진 연륜인지라 말솜씨는 돌직구에 가깝다. 그도 아니면 염치를 상실한 듯 행동거지에 거침이 없다. 나도 저렇게 고약한 인상으로, 본데없는 행동으로 주위를 당혹스럽게 한 일이 없을까 붉어지는 마음을 추슬러 본다.

　이제 욕심 따위는 내려놓고 버티며 쌓아 온 견고한 성에서 안주하는 삶을 고마워하고 쥐고 있는 것에 연연하지 말아야 할 시점이다.

누구에게나 힘들고 버거웠을 작은 사건이 하나쯤은 있을 것이고, 잊고 싶은 기억이 되어 지금까지의 거름이 되었을 테니 훌훌 털어내면서 조금 더 사는 동안 망각으로 접어 둘 미움 하나씩 지워가야겠다.

능력 없는 여자

운전을 할 줄 모르는 여자로 이 나이까지 살았다. 운전을 못해 답답한 일도 없었고 가고 싶은 곳에 가보지 못한 일도 없었다. 그런데 새삼 왜 남들 다하는 운전을 할 생각을 않았을까 답답한 마음이 든다.

면허를 따느라 들락날락 부산을 떨고 연수를 한답시고 수월찮게 품도 들였는데 정작 운전대를 잡지 않았다. 이유는 단지 '겁'이 나서였다. 내 남편부터 여자들이 운전대를 잡으면 어쩌고저쩌고 하면서 비하하기 일쑤고, 또 내가 보아도 아슬아슬 위험한 운전을 하는 대부분이 여자들이었다. 1차선에서 4차선으로 바로 들어오는 꼴도 보았다. 놀라서 내지르는 남편의 고함소리에 내가 먼저 기절을 할 판이었다.

길에 차를 끌고 나갈 용기가 없어 집에 세워둔 차를 쳐다보면서 버스를 타러나가던 내 모양새가 우습기도 했지만 가끔 아이들 문제로 불편하기는 했어도 사는 데 지장은 없었으니 장롱 면허증으로 30년이 지났다. 혹시나 하고 꼬박꼬박 갱신은 했다.

요즘 부쩍 운전대를 잡고 싶은 욕심이 드는 것은 떠남이 자유롭지 못해서이다.

울적한 날 횡 하니 길을 나설 수 있다면 오죽 좋을까.

마음 맞는 친구 싣고 물빛이 애잔한 두물머리 길을 달리고 싶기도 하고 야생화 가득한 들길에서 바람 냄새를 맡았으면 싶기도 하다. 마음 가는 길로 몸도 가고 싶어졌기 때문이다.

그런데 접기에도 시작하기에도 애매한 나이다.

이제 운전을 하겠다고 나서면 누구 하나 찬성을 하지 않겠지. 택시를 타는 게 편하다고 하겠지.

못하는 것 없는 사람들이 득실한 세상에서 운전대 한 번 못 잡아보고 그럭저럭 살아오고 살아가는 한심한 얼굴이 운전 면허증에 박혀 있다.

불편한 풍경들

궁금한 게 많아서 먹고 싶은 것도 많다.
지레 비굴해진 나이 듦이다.
늘그막의 복이 진짜라고 거품을 물고 떠드는 저 여인네가 부럽지 않다.
세받아 먹고 사는 건물주면 뭐하나?
이악스럽고 욕심은 끝을 모르니 모두에게 손가락질 받는 인생인 걸.
영세민을 위한 생계형 사업, 지자체에서 보조금을 준다는 업장으로 봉투를 붙이러 다닌다니 할 말이 없었다. 그런 일은 내가 가야 하는 거 아니야?
깔깔 웃었지만 정말 씁쓸했다.
큰길가에 턱하니 서 있는 그 여인의 건물.
새는 세금이 눈에 보인다. 건물주가 영세민의 등을 쳐 먹다니. 심지어 버젓하게 제 집 지니고 불편한 것 없이 사는 노인네가 악착같이 폐지를 줍고 다니는 서슬에 경악을 했다. 절실한 남의 양식을 빼앗는 것과 다른 게 뭘까?

바람 타령

첫 작품집을 내던 해에 지인도 출간준비를 한다고 했다. 제목을 얘기하던 중에 서로 '바람'이 들어간 제목을 생각하고 있어서 웃고 말았다. 여자들은 바람을 좋아하는가? 그 후에도 여러 사람이 '바람'이 들어 간 제목을 달았다.

내가 생각했던 제목은 '바람이 찾아와 주던 곳'이었는데 식상한 것 같아 쓰지 않기로 했다. 지인은 처음 생각대로 원하는 제목을 달았다.

바람이라는 낱말을 들으면 애잔하고 서럽다.

달콤하게 어루만지다 말 한마디 남기지 않고 떠나가는 실체 없는 움직임의 자국.

허황된 꿈의 대부분이 바람을 닮지 않았을까.

막연히 바라고 갖고 싶다는 욕심이 채워지지 않아 가고자 하는 곳 어디에도 찾아가지는 '바람'에 마음을 얹게 되는 싱숭생숭한 속마음.

그러고 보니 주위에는 늘 바람이 맴돌고 있다.

대중가요에도 무수히 많은 바람이 불었고, 수많은 작품집에도 바람이 불고 있다.

들여다보면 알 수 없는 암호처럼 빙빙 도는 비밀들이 숨바꼭질을 하고 있다. 애매모호하게 감추어진 바람의 실체는 '나 찾아 봐라' 손짓을 하는데 찾지 않는 게 나을 것도 같다. 남의 바람을 알아서 무엇을 하며 들어줄 수도 없는 그저 남의 사정 아닌가.

청량하게 부는 바람을 따라 길을 나서야할 때까지 누추한 바람에 휘둘리는 못난 인간들의 바람 타령은 저승길까지 부끄러울 악취일 뿐이고, 모든 것 다 내려놓고 솔솔 바람을 친구 삼아 쉬엄쉬엄 내 길을 가노라면 바라던 얼굴도, 얘기도,

갖고자 했던 작은 소망까지 기다리고 있으리라 믿어 본다. 아이 되어 다시 부르고 싶은 노래가 들리는 것도 같다.

    산 위에서 부는 바람 서늘한 바람
    그 바람은 좋은 바람 고마운 바람
    여름에 나무꾼이 나무를 할 때
    이마에 흐른 땀을 씻어준대요.

아무렴 아이들의 짜랑한 목소리로 고마운 바람이라고 노래를 하는 그 바람이 진정 우리에게 필요한 바람이 아닐까.